Die Dreigliederung des sozialen Organismus

Beiträge zur Gesundung des gesellschaftlichen Lebens

Herausgeber: Perceval-Institut für Kosmologie und christliche Hermetik

Die Vervielfältigung dieses Werkes – auch auszugsweise – ist nur mit der schriftlichen Genehmigung des Herausgebers gestattet. Alle Rechte sind dem Verfasser vorbehalten.

Copyright: © Franz Weber 2021

Herstellung und Verlag:
BoD – Books on Demand, Norderstedt

ISBN: 9783754326749

Widmung:

Den Menschen, die sich für eine gesunde, geistreiche und hoffnungsvolle Zukunft öffnen wollen

Die Dreigliederung des sozialen Organismus

Inhaltsverzeichnis

Einleitung: Mensch und Welt

Die heutige Politik läuft den mannigfachen Problemen nur mehr hinterher. Wirkliche Ziele und humane Zukunftsvisionen gibt es kaum. Die Menschheit muss reagieren, auf den Klimawandel, auf das Artensterben, auf die Vermüllung und die Ausbeutung der Ressourcen und und und ...

Jedoch kam bisher dabei nicht viel heraus, außer einer halbherzigen „Flickschusterei" und das wird nicht ausreichen.

Neue Werte und Denkweisen sind notwendig, da die alten Begriffe und Denkschablonen keine wirklich gesunden Erneuerungen ermöglichen können.

Wir brauchen neue Ideen und Sichtweisen, mit denen die Gestaltung der zukünftigen Welt gelingen kann. Eine Technisierung und Digitalisierung reicht da bei Weitem nicht aus, denn diese neuzeitlichen Errungenschaften bringen wiederum neue Probleme hervor, denn sie binden die menschliche Seele nur noch stärker an die Kräfte des „Untersinnlichen", vor allem an den Elektomagnetismus, der das Lebensvolle nicht stärken, sondern eher schwächen tut. Lebenskräfte schwinden, Todeskräfte nehmen zu, das kann überall beobachtet werden, in der Natur wie im Menschen. Das Immunsystem und damit die Autonomie und Integrität des Einzelnen wird mehr und mehr geschädigt.

Chemische Mittel in der Landwirtschaft und Medizin lindern Symptome, sie tragen aber nicht zu einer wirklichen Gesundung und Heilung bei. Diese kann vor allem durch ein gesundes und lebendiges Denken, Fühlen und Wollen gefördert werden. Und dazu braucht es Ideen, die wiederum selbst dem Lebendigen, dem Wahrhaftigen und dem Guten entstammen.

Die Entwicklung der Menschheit in den zurückliegenden Geschichtsepochen wurde nicht nur durch Kriege und Katastrophen gezeichnet, sondern auch durch vielfältige Geistesimpulse, die dem Einzelnen wie auch der Gesellschaft gesunde Wegweisungen erteilen können. Im Grunde genommen sind schon viele solcher zukunftsweisenden Impulse da, doch sie werden vom „Mainstream" aus Politik, Wirtschaft und Medien-Kultur kaum mehr wahrgenommen. Zu sehr ist man im „Tagesgeschäft" eingespannt, als dass man noch einen Aufblick wagt zu den hehren Idealen einer besseren Welt. Und doch wird es ohne einen solchen Zukunftsblick nicht mehr in einem gesunden Sinne weitergehen. Ohne geistige Ideale, nur im eitlen und bequemen Alltag seinen Wünschen und Begehrungen nachzugehen, wird die Welt nicht in einem gesunden Sinne weitertragen.

Der „Naturmensch", den wir alle erleben und kennen und der wir alle durch die leibliche Determination natürlicherweise auch noch sind, er genügt sich oftmals selbst in seiner Wohlfühlblase. Jedoch er ist nicht allein, denn der Mensch ist mehr als ein Naturwesen; der soziale Mensch, der wir eben auch noch sind, er braucht vor allem die Mitwelt, den Nächsten und zwar zum Nehmen und Geben, zum sich Austauschen und zum Leben in einer Gemeinschaft und schließlich der geistige Mensch, der wir im Innersten, im Kern, im Ursprünglichsten wahrhaftig sind, er braucht eine Entwicklung und diese vor allem in den irdischen Herausforderungen, damit er sich immer besser selbst finden, erkennen, bestimmen und verwirklichen kann. Dies gelingt am besten, wenn er gesellschaftliche Strukturen und Lebensweisen vorfinden kann, in denen er sich eigenständig und frei entfalten lernt.

Autoritäre Systeme unterdrücken diese Entfaltungsmöglichkeiten, seien sie politischer, religiöser oder wirtschaftlich-ökonomischer Natur. Das können wir in heutiger Zeit vermehrt beobachten. Doch der Mensch ist ein Wesen, das sich entwickeln will, letztlich hin zu größerer Freiheit und Selbstbestimmung, aber nicht in einem egoistischen Sinne, sondern so, dass er zum Wohle des Ganzen, als ein soziales Wesen, das erst in der Gemeinschaft und schließlich im „großen Ganzen" seinen Ort und seine individuelle Aufgabe finden kann. Schließlich ist es eine hohe Kunst, diese drei Aspekte des Menschseins, also den natürlichen, den sozialen und den geistigen Menschen so zusammen zu bringen, dass sie in einen Ausgleich und in eine ausgewogene Harmonie geraten.

Die geschichtliche Entwicklung zeigt, dass mit der Freiheitssuche und Selbstfindung des Einzelnen und damit einhergehend mit der Selbstbestimmung zu einem mündigen Menschen hin, dass damit eben auch soziale und gesellschaftliche Prozesse verbunden sind, die auch immer wieder neue Formen des gesellschaftlichen Lebens erfordern. Und so offenbart sich in unseren Tagen verstärkt, dass das heutige System des Kapitalismus, des Parteiensystems und der parlamentarischen Demokratie, worin der einzelne Bürger mehr oder weniger ein Zuschauer und Konsument ist, dem Drang nach Selbstbestimmung, individueller Freiheit und Mitgestaltung nicht mehr wirklich gerecht werden kann.

Die Soziale Dreigliederung, die vor circa 100 Jahren von Rudolf Steiner erkannt und entwickelt wurde, bietet gerade heute zahlreiche Impulse, Ziele und Ideen an, um den derzeitigen Untergangstendenzen neue und aufbauende Kräfte einverleiben zu können. Diese Soziale Dreigliederung soll daher in den nächsten Kapiteln ansatzweise dargestellt werden, so wie sie sich meinem eigenen Vermögen und meinen Erkenntnissen ergibt. Dabei geht es mir eher um eine innere Haltung, als um äußere technische und bürokratische Strukturen.

In einer mehr künstlerischen und erkenntnistheoretischen Weise sollen daher in den folgenden Abschnitten die Ideen und Inhalte der Sozialen Dreigliederung betrachtet und erläutert werden.

Das Prinzip der Dreiheit in der geschichtlichen Entwicklung

Das Prinzip der Dreiheit ist ein göttlich-geistiges Prinzip. Schon im alten Indien erkannte man die Gottheit in drei Attributen, Symbolen und Namen, nämlich in Brahman, Vishnu und Shiva beziehungsweise dem Erschaffenden, dem Erhaltenden und dem Auflösenden. Diese Dreiheit durchzieht alles Sein und Werden.

Im alten Ägypten ist diese Trilogie in Osiris, Isis und Horus beschrieben. Darin zeigt sich eine Ur-Polarität des Männlich-Weiblichen mit dem Sohn- oder Kindprinzip des Horus, der diese Polarität wieder verbinden und vereinen kann. Dieses Prinzip ist ja auch im christlichen Geistesleben als Vater, Sohn und Heiliger Geist, als sogenannte Trinität bekannt.

Wird die ursprüngliche Einheit, die Eins gespalten, so entsteht die Dualität, also zwei Pole, die sich gegenüber stehen und sich oftmals auch bekämpfen. Daher wollen auch viele Geistsucher die Zweiheit, die bestehende Welt, zum Beispiel in der Polarität aus Geist und Materie, meiden und wieder zurückkehren in die ursprüngliche Einheit. Doch das wird nicht so einfach möglich sein, denn im dritten Jahrtausend, in das wir eingetreten sind, soll das Trinitätsprinzip verstanden werden.

Das erste Jahrtausend war noch von einem Einheitsgedanken geprägt und durchzogen. Die königliche Macht und die Religion wirkten noch zusammen. Im zweiten Jahrtausend gab es dann zahlreiche Spaltungen, der Kaiser vom Papst, der Adel von der Kirche, die Bauern von den Bürgern und diese vom Adel, die Katholiken von den Protestanten, die Arbeiter von den Unternehmern, die Kommunisten von den Kapitalisten, Männer von Frauen, der Osten der Welt vom Westen und dergleichen mehr.

Im dritten Jahrtausend sollen diese Spaltungen allmählich aber überwunden werden. Dazu gab es geschichtlich gesehen immer wieder Ansätze, die ich hier aber nur sehr kurz anführen will.

Bei den Rosenkreuzern und Alchemisten wurden die Prozesse und

Prinzipien, die einer organischen Dreiheit zugrunde liegen, Sulphur, Mercurius und Sal genannt beziehungsweise mit den Planeten-Energien Sonne, Merkur und Mond bezeichnet, wodurch die ursprüngliche Polarität der Sonne beziehungsweise dem Männlichen und dem Mond, dem Weiblichen, durch Merkur, dem Kindprinzip, verbunden werden kann.

Friedrich Schiller strebte in seinen philosophischen Arbeiten vor allem an, den Gegensatz von Natur und Geist überwinden zu können. In der Kunst ist es bei Schiller vor allem die Schönheit, die Natur und Geist umfassen kann. Der Stofftrieb (Natur) kann durch einen Spieltrieb (Kunst) mit dem Vernunfttrieb (Geist) zusammengebracht werden. „Der Mensch ist nur dann ganz Mensch, wenn er spielt", war seine These.

Auch Goethe kam in seiner Farbenlehre, wie auch in seiner Pflanzenbetrachtung auf das Prinzip der Dreiheit zu sprechen:
Polarität und Steigerung, so formulierte er seine weitreichende Erkenntnis. Durch ein drittes Prinzip ist eine Steigerung des ursprünglichen Gegensatzes möglich. Der Philosoph Hegel drückte dieses geistige Gesetz in den Begriffen: These, Antithese und Synthese aus.

Goethe hatte zudem in seinem Märchen ein künstlerisches Bild geschaffen von den drei unterirdischen Königen und dem vierten, dem gemischten König, das sich für die Dreigliederung des sozialen Organismus gut gebrauchen lässt. Doch dazu später mehr.

Diese Dreigliederungs-Idee fand schließlich in der französischen Revolution ihren geschichtlichen Niederschlag und zwar in den Idealen der Freiheit, Gleichheit und Brüderlichkeit, die immer noch die Maxime für die europäische Geistigkeit und Einigkeit ausmachen, zumindest ausmachen sollten.

Doch erst Rudolf Steiner konnte zum Beginn des 20. Jahrhunderts entdecken, wo diese geistigen Ideale und Prinzipien im gesellschaftlichen Leben verankert werden müssen, damit sie fruchtbar werden können. Im Jahre 1917 erkannte er die leibliche Dreigliederung, bestehend aus dem Nerven-Sinnes-System, dem Stoffwechsel-Gliedmaßen-System und diese vermittelnd, das

Rhythmische- oder Herz-Kreislauf-Atmungs-System. !918 schrieb er sein Buch: Die Kernpunkte der sozialen Frage, worin er dieses Prinzip für die Gesellschaftsfragen weiter entwickelte.

In der Nachkriegszeit des ersten Weltkrieges ergab sich damals ein offener politischer Raum, wo Steiner mit sehr viel persönlichem Einsatz versucht hatte, seine Dreigliederungs-Impulse unter die Menschen zu bringen. Die Unterstützung seitens der Politik war allerdings sehr gering. Doch gab es 1922 in Oberschlesien eine Volksabstimmung, wo dieser Impuls recht knapp unterlag und dadurch das republikanische Modell bevorzugt wurde. Dies war das vorläufige Ende seines Impulses, auch weil Steiner 1925 verstarb. Bekanntlich machten sich danach ganz andere Kräfte in der Geschichte breit, die mit Freiheit, Gleichheit und Brüderlichkeit nichts gemein hatten.

Nach dem zweiten Weltkrieg machte sich Peter Schillinski, den ich noch persönlich kennenlernen durfte, auf, um nach Menschen zu suchen, die sich noch mit der Steinerschen Dreigliederung beschäftigten. Es waren aber weniger als 10 Personen zu finden. Doch sein Wirken trug dazu bei, dass neue „Keime" entstehen konnten. Eine Teestube auf Sylt wurde zum Treff für außerparlamentarische Gruppierungen, ein Internationales Kulturzentrum in Achberg mit Wilfried Heidt entstand, wo auch Joseph Beuys zeitweilig zugegen war. Im Modell Wasserburg wirkte Schillinski weiter bis zu seinem Tod. Die Zeitschrift: Jedermensch entstand dort oder in Freiburg: Die Kommenden, unter der Leitung von Georg Schweppenhäuser. Sie verbreitenden Gedanken zur sozialen Dreigliederung und einige kleinere Initiativen, wie der Unternehmensverband Dritter Weg, versuchten diesen Impuls ins Praktische umzusetzen. Doch die breite Öffentlichkeit nahm davon so gut wie keine Notiz. Es scheint, zusammengefasst betrachtet, als ob der Ursprungs-Impuls erst einmal sterben musste, damit in späterer Zeit ein zarter Keimling daraus hervorgehen konnte. Dieser Keimling begann sein Wachsen in der zweiten Hälfte des 20. Jahrhunderts.

Christoph Strawe brachte eine weitere Zeitschrift für Dreigliederung heraus, Lothar Vogel, Dieter Brüll, Albert Schmelzer und weitere verhalfen der Dreigliederung vor allem zu einer wissenschaftlichen Aufarbeitung, so dass sie allmählich einer breiteren Öffentlichkeit zugänglich gemacht werden konnte, zum Beispiel mit dem Omnibus für direkte Demokratie.

Durch Gerald Häfner, einem früheren Mitglied im Bundestag und im Europa-Parlament bei den Grünen und Mitglied im Verein Mehr Demokratie ist dieser Impuls wieder in Dornach angekommen, von wo aus Steiner bis zu seinem Lebensende innerhalb der Anthroposophenschaft wirkte, der dort aber nie richtig verwirklicht wurde. Zukünftig muss er den Weg in die Gesellschaft finden, weil ja aus dem zarten Keimling einmal eine stattliche Pflanze mit Stängel, Blättern, Blüten und Früchten hervorgehen soll. Axel Burkart mit seiner Akademie und viele weitere Initiativen versuchen diesen Weg weiter zu führen, vor allem auch über das Internet, um eine breitere Bekanntschaft mit der Dreigliederungs-Idee zu ermöglichen. Wann wird die Soziale Dreigliederung aber erblühen können?

Nach einer Blattbildung beziehungsweise einer Breitenwirkung folgt in der Knospenbildung noch einmal eine Verdichtung, eine Zurücknahme des Blätterwachstums, wo es entsprechend darum gehen kann, sich noch einmal auf die geistige Wurzeln, auf die Grundideen beziehungsweise auf die Ideale und auf die Wesen zu schauen, die hinter oder in diesem Impuls wirken wollen.

Die Grundprinzipien für die soziale Dreigliederung lauten hier zusammengefasst:

für den Leib:	Stoffwechsel-Gliedmaßen-System	Rhythmisches System	Nerven-Sinnes-System
als Ideal:	Brüderlichkeit	Gleichheit	Freiheit
in der Gesellschaft:	Wirtschaftsleben	Rechtsleben, Staat	Geistesleben, Kultur

10

für die Kultur:	Religion	Kunst	Wissenschaft
Streben zum:	Guten	Schönen	Wahren
für den Staat:	Exekutive	Legislative	Judikative
für die Wirtschaft:	Produktion	Handel	Verbrauch
für das Geldwesen:	Kaufgeld	Leihgeld	Schenkgeld
in der Alchemie:	Sulphur	Mercurius	Sal
bei Schiller:	Stofftrieb	Spieltrieb	Vernunfttrieb
bei Hegel:	These	Synthese	Antithese
in der Pflanze:	Blüte	Blatt	Wurzel
in der Seele:	Wollen (Hand)	Fühlen (Herz)	Denken (Kopf)
im Menschen:	Naturmensch (Leib)	soziales Wesen (Seele)	geistiges Wesen (Geist)
in der Liebe:	Selbstliebe	Nächstenliebe	Gottesliebe

Dies sind hier nur Stichworte, die alle einen tieferen Hintergrund besitzen und zu jeder einzelnen Zeile wäre sicherlich noch mehr zu sagen. In meiner früheren Schrift: Die soziale Dreigliederung, ist dazu Weiterführendes mitgeteilt.

Es geht mir im Folgenden vor allem um das Heute und um die weitere Zukunft, wohin sich da die „Dreigliederungs-Bewegung" hinentwickeln wird. Einige Dreigliederer meinen ja, scheinbar nach mündlichen Aussagen Steiners, in unseren Jahren sei die letzte Möglichkeit, diese zu verwirklichen. Doch das Prinzip der

Dreigliederung durchzieht den gesamten Kosmos und so ist es gar nicht möglich, dass dieses kosmische Prinzip dauerhaft scheitern kann. Es kann nur überdeckt, verfälscht und korrumpiert werden, so wie dies in unserer Zeit geschieht, wenn die Freiheit vor allem ins Wirtschaftsleben verfrachtet wird (siehe neoliberale Wirtschaftspolitik). Und dies vor allem nicht in der Wassermannzeit, in der wir uns anfänglich befinden. Denn der Dreigliederungs-Impuls ist ein Wassermann-Impuls und so wird er sich in unserem dritten Jahrtausend irgendwann einmal durchsetzen. Doch zuvor müssen die vielfältigsten Schatten des Wassermanns überwunden werden. Dazu zählt vor allem die ahrimanisierte Wissenschaft, der kalte und abstrakte Intellektualismus, der Transhumanismus und der geistige Materialismus. Lügen, Teilwahrheiten und Ängste müssen durchschaut und durch empathische, mündige und selbstbestimmte Motive und Einstellungen in Freiheit und in wahrheitsliebender Weise überwunden werden. Wichtig ist, dass geistige Ideale durch die kommenden Jahre hindurchgetragen werden, wenn diese auch sehr dunkel und schwierig werden können.

Die letzten Jahrzehnte dienten vor allem einer wissenschaftlichen Aufarbeitung der Gedanken und Ansätze aus der Dreigliederung, die uns Rudolf Steiner mitgegeben hat. Zukünftig dürfen deren Inhalte vermehrt in das gesellschaftliche Leben einfließen. Es bedarf einer gewissen Breitenwirkung. Die wird nach meiner Ansicht aber erst erfolgen, wenn immer mehr Menschen erkennen müssen, dass sie mit den alten Denk- und Handlungsweisen keine gesunde Zukunft erschaffen können.

Viele kleine Ansätze und Ideen für eine bessere Welt gibt es ja, sei es im Geldwesen (Tauschringe, Komplementärwährungen wie der Gradido etc.), in der Wirtschaft (Gemeinwohl-Ökonomie), in der Ökologie, im Therapeutischen, in der Landwirtschaft, wie auch in der Politik (zum Beispiel in den Verfassungs-Initiativen) und in der Kultur (freie Schulen und Kultureinrichtungen).

Doch wie versucht wird, diese auszubremsen, wurde in der „Corona-Zeit" deutlich sichtbar. Eine Gegenbewegung seitens einer Finanz-"Elite", der Pharma- und Computer-Industrie mit vielen „hörigen" Politikern hemmt den fortschrittlichen Geist für eine freiere Welt. Der Geist der Spaltung (Arm – Reich, Mächtig – Ohnmächtig, Für oder Dagegen) bemächtigt sich der Welt. Viele Menschen werden krank oder passen sich dem Mainstream an, um ja keine persönlichen Nachteile spüren zu müssen. Dieser dunkle Geist, der wie eine graue Wolke das astrale Klima der Erd-Atmosphäre verhüllt, kann nur durch eine vermehrte Menschlichkeit gebändigt werden. Jeder Mensch, auch jede verirrte Seele, gehört zur Menschheit mit dazu, zu unserer großen Menschheitsfamilie, worin jeder Einzelne ein Glied darin ist. Und in jedem Menschen wohnt in seinem Innersten eine unsichtbare Substanz von diesem großen Menschheitsgeist, vom sogenannten Heiligen Geist, dem wir einen Raum geben und ein heilendes Wirken gewähren lassen dürfen. Doch das kann jeder nur für sich selbst entscheiden und dann auch tun.

Die Wassermannzeit erfordert eine Geschwisterlichkeit zwischen Männern und Frauen, also eine Gleichberechtigung zwischen den Geschlechtern und sie fordert den Einzelnen auf, sich immer mehr selbst bestimmen zu lernen. Das Gruppenhafte und Fremdbestimmende muss auf diesem Weg allmählich überwunden werden. Dann erst kann allmählich eine lichtere und friedlichere Zeit in der Menschheits-Entwicklung folgen. Dafür müssen wir unsere Kräfte schon heute bündeln und zielgerichtet, achtsam und wach im alltäglichen und gesellschhaftlichen Leben anwenden.

Der fortschreitende Menschheitsgeist ist nicht zu besiegen. Er kann nur gehemmt und bekämpft werden, wie im dritten Reich oder heute durch einen Transhumanismus und technischen Automatismus. Die Gegenkräfte des sozialen Lebens sind stark und sie dürfen wirken in unserer Zeit, denn sie haben die Aufgabe, uns so lange zu bedrängen, bis wir sie durchschauen und unser Leben den Idealen des Guten, Schönen und Wahren widmen werden.

Somit macht alles Sinn. Nicht ankämpfen gegen das Falsche, Krankmachende und Böse sollen wir, viel eher dürfen wir uns den gesunden Impulsen zuwenden, die es immer auch noch gibt, wenn wir uns dafür öffnen können.

Was meint der Begriff: Die Dreigliederung des sozialen Organismus?

Oftmals reden wir von bestimmten Dingen, Begriffen und Ideen, ohne dass wirklich geklärt ist, was jeder Einzelne damit verbindet. Einmal wurde von Rudolf Steiner der Begriff beziehungsweise die Bezeichnung „Die Soziale Dreigliederung" gewählt, dann „Die Dreigliederung des sozialen Organismus". Gewiss meint er damit die selben Prinzipien, doch wird es vorteilhaft sein, diese Begriffe im einzelnen etwas genauer zu ergründen.

Das Wort sozial kennt wohl jeder; es bedeutet für den oder für die anderen da zu sein, zu helfen, zu stützen und zu pflegen.

Das Wort Dreigliederung setzt sich aus zwei Begriffen zusammen, nämlich der Drei und der Gliederung. Eine Dreiheit entsteht, wenn man, quantitativ betrachtet, drei einzelne Größen addiert. Qualitativ gesehen zerfällt oder teilt sich eine Einheit, eine Eins, in zwei Teile, woraus die Dualität entspringt. Die Dreiheit entsteht dann erst, wenn ein neues Element hinzutreten kann, wie zum Beispiel bei Mann und Frau ein Kind.

Das Prinzip der Dreiheit wurde in den alten Mysterien das Mysterium Magnum genannt, das große Mysterium, das besagt: In der Eins lebt die Drei und in der Dreiheit die Einheit.

Ein drittes Prinzip kann wieder zu einer Einheit hinführen beziehungsweise wieder mit dieser verbinden. Die Trinität ist dann das letztendliche Ziel, da es eigentlich gar nicht möglich ist, von einer Dualität zur Einheit zurückzukehren, ohne die Dualität, folglich auch die natürliche Schöpfung zu negieren. Doch wir leben nun einmal in einer Welt der Dualitäten.

So gab und gibt es in den Geistes-Schulen und Bewegungen bestimmte Systeme und Prozesse, wie die der Alchemisten, die durch ein drittes Prinzip die Dualität überwinden wollen, zum Beispiel ausgedrückt in den Prozessen von Sal, Sulphur und Mercurius. Sogar in den Zeitenrhythmen und Zahlenqualitäten lässt sich Entsprechendes finden.

So war das erste Jahrtausend noch von einem Einheitsgedanken geprägt. Der König war noch Priester, die Religion und der Staat waren noch eins. Erst mit dem zweiten Jahrtausend begannen die Spaltungen zwischen König und Papst, also zwischen Religion und Staat oder auch zwischen den Religionen und Konfessionen. Später zwischen Adel und Bürgertum, zwischen Unternehmern und Arbeitern, zwischen Kapitalisten und Kommunisten, zwischen Ost und West, Arm und Reich und vielem mehr.

Im dritten Jahrtausend sollen diese Gräben überwunden werden. Selbst Begriffe wie Links und Rechts verlieren ihre Eindeutigkeit, wenn man heute das politische Leben unvoreingenommen betrachtet. Mit einem Schwarz-Weiß oder Gut und Böse Denken kommen wir nicht mehr weiter. Ein Verbindendes, ein Einigendes und Ausgleichendes muss gesucht werden, wie dies eben dem Kindprinzip, dem sogenannten Mercurius entspricht.

Nun gibt es drei Möglichkeiten, wie mit einer Dualität umgegangen werden kann, nämlich in einer Vermischung, in einem Kompromiss und zuletzt in einer Synthese, so wie diese ursprünglich von dem Philosophen Hegel ausgearbeitet wurde.

Die Vermischung ordne ich dabei dem Wirtschaftsleben zu; man könnte hier auch von einem Austausch sprechen. Waren und Dienstleistungen sollen den Bedürfnissen der Verbraucher zugutekommen. Der Handel sorgt dafür, dass dies gelingt. Da jeder Mensch ein Verbraucher ist und auch irgendetwas „produziert", vermischen sich hier die gegensätzlichen Pole.

Der Kompromiss wird dann eher im Staatsleben zu finden sein, denn die Politik wird nicht ohne Kompromisse auskommen, weil die Interessenslagen oftmals so polar sind, dass sich die gegensätzlichen Standpunkte irgendwo in der Mitte treffen müssen.

Die Synthese will schließlich eine höhere Ebene finden, in der die Gegensätze vereint sind, was dann aber eine geistige Tätigkeit, eine Erkenntnisleistung verlangt. Somit hat das Geistesleben vor allem die Aufgabe, Grenzen und Gegensätze zu überwinden, so wie dies die Künste, die Wissenschaften und vielleicht auch einmal die Religionen verwirklichen können.

Doch was meint der Begriff: Dreigliederung?

Glieder gehören zu einem Ganzen, so wie die Finger zur Hand oder die Organe zum Leib. Sie sind also keine Teile, sind nicht getrennt und abgespalten. Glieder sind für das Ganze da, die Finger arbeiten für die Hand, die Hände für den Menschen und der einzelne Mensch, wenn er sich nicht mehr nur als Teil, sondern als Glied empfindet, für die Menschheit. Jeder Einzelne ist somit ein Glied innerhalb einer großen Menschheitsfamilie, aber auch selbstständig und frei, so wie sich jeder einzelne Finger frei bewegen kann. Die Gefahr ist hier natürlich gegeben, dass der Einzelne nur noch für sich arbeiten will und nicht mehr das Ganze sieht, weil man sich als geteilt, abgespalten oder vereinzelt erlebt. Das ist aber das Signum der heutigen Zeit, da der geistige Materialismus auf das Teil, auf die kleinsten Teile ausgerichtet ist und dabei den Blick auf das Verbindende, auf das große Ganze verlieren muss.

So ist entsprechend im gesellschaftlichen Leben der soziale Organismus das Ganze, doch dieser ist nicht physisch sichtbar, nur denken können wir ihn, denn er ist lebendiger, seelischer und geistiger Natur. Jedoch, jeder Einzelne kann dazu beitragen, wie und wohin sich dieser soziale Organismus hinentwickeln wird. Er kann demzufolge eben krank oder gesund sein.

Ist der soziale Organismus, ist das Ganze einer Gesellschaft von falschen Strukturen und Machenschaften durchzogen, werden die Menschen darin krank. Nicht nur die vielen „Teile" beziehungsweise die einzelnen Glieder bestimmen das Ganze, denn das Ganze wirkt wiederum auf die einzelnen „Teile" und Glieder. Lebt ein Mensch verkehrt, werden mit der Zeit entsprechende Organe erkranken, erkrankt ein Organ, werden oftmals darin enthaltene Zellen zerstört oder abgespalten. Stimmt es in einer Familie oder in einer sozialen Vereingung nicht, werden einzelne Mitglieder krank. Stimmt es im Ganzen nicht, wie zum Beispiel in der Europäischen Union, werden einzelne Länder krank. Daher sollten wir uns nicht nur im Teil, im Detail verlieren und dort die Schuldigen oder auch den Ursprung für ein Unheil suchen, sondern immer auch das Ganze im Blickfeld und im Bewusstsein haben. Ist der soziale Organismus schlecht aufgestellt, so trifft dies alle Glieder, zuerst natürlich die schwächsten. Leider gibt es heute viele kranke Menschen und viele Einseitigkeiten und Versäumnisse, die zum Beispiel während der Corona-Krise vermehrt zutage traten. Dadurch gerät natürlich die Systemfrage in den Blickwinkel. Jedoch, kann ein neues System, zum Beispiel die Soziale Dreigliederung als System oder Modell verstanden, das alte einfach nur ablösen?

Systeme sind menschengemacht oder besser menschenerdacht und werden zumeist der Wirklichkeit übergestülpt, wie der Kapitalismus, der Kommunismus, das republikanische Modell oder auch die parlamentarische Demokratie. Diese können ja nur aus Konzepten und Strukturen hervorgehen, die als gutgemeinte Ideen, zumeist von einigen Wenigen, ausgedacht wurden, um ein allgemeines Zusammenleben zum Wohle aller oder auch nur zum Vorteil einer bestimmten Klasse und Schicht garantieren zu können. Alle Konzepte mögen gewisse Vor- und Nachteile haben, doch sie haben zumeist noch nicht den Blick für das Ganze, für das Menschheitliche, für das Lebensvolle finden können.

Ein sozialer Organismus lebt, er ist lebendig. Er entsteht aus dem Zusammenwirken von uns Menschen und gewissen geistigen Gesetzen (Idealen). Daher gilt auch für die Soziale Dreigliederung, diese zunächst als eine Idee zu erfassen und zu erfahren, um sie im Weiteren zu einem Ideal wandeln zu können, so dass sich geistige Kräfte und Wesen damit verbinden können. Rudolf Steiner hatte dafür die „Methode" des umgekehrten Kultus erwähnt. Näheres dazu in meinem Buch: „Auf dass wir Menschen werden".

Systeme und Institutionen entstehen zwischen den Menschen und bestimmten Idealen beziehungsweise den Qualitäten und Kräften einer geistigen Welt.

Friedrich Schiller erkannte die Diskrepanz zwischen Natur und Geist und suchte lange Zeit danach, wie diese überbrückt werden kann. Das Verbindungsglied zwischen dem Stofftrieb und dem Vernunfttrieb, also zwischen Natur und Geist ist für ihn das Spiel, der Spieltrieb, also auch die freie Bewegung zwischen Chaos und Form (Kosmos), denn so drückte dieses Prinzip Joseph Beuys entsprechend aus, womit ein mittlerer Bereich und damit die soziale Gestaltung zwischen der Natur (dem Wirtschaftlichen) und dem Geist (der Kultur) erstehen kann. Diese Mitte entspricht auch dem Bereich des Zwischenmenschlichen, die vor allem im lebendigen Gespräch einen Ausdruck finden kann, die aber auch zwischen den Menschen und den göttlich-geistigen Prinzipien beziehungsweise den geistigen Gesetzen und Erfordernissen entstehen darf.

Unsere rechtlichen und politischen Regelungen sollen den einzelnen Menschen, sowie den geistigen Erfordernissen und damit dem sozialen Organismus, dem Ganzen dienlich sein. Es gilt, vom Ganzen aus die Welt gestalten zu lernen, nicht nur vom Einzelnen, vom Teil oder von bestimmten Teilinteressen aus.

Eine ganzheitliche Anschauung bedeutet und bedingt schließlich auch, dass die Kultur, die Politik und die Wirtschaft beziehungsweise die drei Glieder des gesellschaftlichen Lebens, dass diese dem Ganzen, dem sozialen Organismus und damit auch den Menschen dienen sollten.

Will man nur an einem Teil oder an den einzelnen Menschen herumoperieren, zum Beispiel durch psychologische und technische Optimierungen, damit die Leistungen der Einzelnen verbessert und funktionalisiert werden, wie im Tranhumanismus vorgesehen, so bedeutet dies eine Verschlechterung des Ganzen, weil dadurch immer mehr Maschinen- und Automatenhaftes, Geteiltes, Vereinzeltes und Todes einen Einzug finden kann. Der Transhumanismus führt in den Untergang, zum kulturellen Tod. Eine Vorbereitung dafür ist der neoliberale Kapitalismus, wo es hauptsächlich um ein immer Mehr, immer Besser, immer Schneller, immer Weiter und immer Größer geht. Und dies durch eine fortschreitende Optimierung. Dass dabei immer mehr Menschen auf der Strecke bleiben und krank werden, ist inzwischen offenbar.

Das Ganze in einem lebendigen Sinne ist immer mehr als die Summe der Teile, auch wenn diese optimiert werden. Dieses Ganze ist zunächst aber nicht wahrzunehmen, nur zu denken, zum

Beispiel als die Menschheit, als der Kosmos, als das Göttliche, als der Volksgeist und so weiter. Damit ist etwas gegeben, was jedem Einzelnen übergeordnet ist und worin jeder Einzelne sein Ziel und seine Bestimmung finden kann.

Doch das Ganze darf auch nicht mehr über den Einzelnen bestimmen wollen. Dies besagt das soziologische Grundgesetz nach Rudolf Steiner: „Die Menschheit strebt im Anfange der Kulturzustände nach Entstehung sozialer Verbände; dem Interesse dieser Verbände wird zunächst das Interesse des Individuums geopfert. Die weitere Entwicklung führt zur Befreiung des Individuums von dem Interesse der Verbände und zur freien Entfaltung der Bedürfnisse und Kräfte des Einzelnen" (GA31 Gesammelte Aufsätze zur Kultur- und Geistesgeschichte).

Die geistige Freiheit ist das höchste Gut des Menschen. Deswegen muss der Mensch zwischen sich und den universalen Gesetzen eine eigene Welt kreieren, die seine individuellen Bedürfnisse, wie auch die moralisch-geistigen Gesetze berücksichtigen lernt.

Ein Rechtsleben bildet sich in den staatlichen Organen aus, um ein allgemein-verträgliches Zusammenleben ordnen zu können. Diese staatlichen Institutionen sind das „Dazwischenstehende", das Vermittelnde zwischen den individuellen geistigen Interessen und den natürlichen Bedürfnissen. Im Rechtsleben spiegelt sich letztlich unser soziales Vermögen, das sich jedoch in den sich wandelnden Zeitenläufen ständig ändern wird. Es darf aber selbst nicht zum Herrschenwollen degradieren.

In früheren Zeiten bestimmte die Selbstversorgung weite Teile der Bevölkerung, heute ist durch eine fortschreitende Arbeitsteilung jeder auf jeden angewiesen. Und doch ist in unserer beginnenden Wassermannzeit die Selbstbestimmung des Individuum oberstes Gebot, was vor allem die geistige Entwicklung jedes Einzelnen betrifft. Nicht mehr die alten Herrscher und Partiarchen sollen daher über das Volk bestimmen, doch soll sich der Einzelne auch für das Ganze einbringen können. Daher muss für diesen zwischenmenschlichen beziehungsweise für den staatlichen Be-reich noch etwas hinzukommen, damit nicht der persönliche Egoismus darin zur treibenden Kraft werden kann. Rudolf Steiner formulierte dazu das Motto einer sozialen Ethik: „Heilsam ist nur, wenn im Spiegel der Menschenseele sich bildet die ganze Gemeinschaft, und in der Gemeinschaft lebet der Einzelseele Kraft" (GA 40 Wahrspruchworte).

Aus einem Rechtsverständnis der Mitte, des freien und demokratischen Prinzips, darf dann auch das Wirtschafts- und das Kulturleben gefördert und gestaltet werden, das heißt, es werden aus dem Politischen dafür die Rahmenbedingungen geschaffen – ansonsten hält sich die Poltik aus dem Kultur- und Wirtschaftsleben heraus. Denn die Kultur und die Wirtschaft, wie natürlich auch das Rechtsleben, sie sollen sich selbst verwalten. Und dies gelingt für die Wirtschaft am besten, wenn das soziale Hauptgesetz darin angewendet wird. Dieses lautet nach Steiner: „Das Heil einer Gesamtheit von zusammenarbeitenden Menschen ist umso größer, je weniger der Einzelne die Erträgnisse seiner Leistungen für sich beansprucht, das heißt, je mehr er von diesen Erträgnissen an seine Mitarbeiter abgibt und je mehr seine Bedürfnisse nicht aus seinen Leistungen, sondern aus den Leistungen der anderen befriedigt werden" (GA 34 Lucifer Gnosis).

Nicht die Wirtschaft soll mehr als Gegenpol zur Kultur und damit zur Ethik und Moral gesehen werden, denn alle Glieder, das Geistesleben, das Rechtsleben und das Wirtschaftsleben, sollen dem Ganzen, einem Höheren, dem sozialen Organismus dienen. Heute meint ja jeder Bereich, er sei das Wichtigste: die Wirtschaft bläht sich auf, die Politiker fühlen sich mehr als Herrscher und die Kultur feiert sich am liebsten selbst. Und das, weil sie sich nicht als Glieder, sondern als Teile, als Abspaltungen eines Ganzen empfinden, das kaum mehr wahrgenommen wird. Eine Atomisierung macht sich breit. Dazu kommt noch eine Übergriffigkeit von einem Bereich in den anderen, zum Beispiel im Lobbyismus.

Daher tut ein Bewusstsein vom Ganzen einer Gesellschaft große Not. Denn darin fühlt sich der Einzelne eingebettet und findet seinen rechten Platz, um dem Wohle des Ganzen und damit auch dem eigenen dienlich sein zu können.

Die geistigen Grundzüge der sozialen Dreigliederung

Freiheit	Gleichheit	Brüderlichkeit
Geistesleben	Rechtsleben	Wirtschaftsleben
Wissenschaft, Kunst und Religion	Judikative, Legislative, Exekutive	Produktion, Handel und Verbrauch
Vernunfttrieb	Spieltrieb	Stofftrieb
Form (Kosmos)	Bewegung und Begegnung	Substanz (Chaos)

Dies sind hier nur Stichworte, die aufzeigen sollen, wie die Dreiheit in sich wiederum dreigestaltet ist.

Entscheidend für die Zukunft wird der mittlere, der politische und rechtliche Bereich sein, weil da, wie im entsprechenden leiblichen Geschehen, die Vermittlung und ein Ausgleich zwischen Kopf, dem Nerven-Sinnes-System und dem Stoffwechsel-Gliedmaßen-System durch das Herz-Kreislauf-System geschehen soll. Die Politik ist damit aber nicht das Wichtigste, sondern das, was am Menschlichsten, was mit Herzkräften durchtränkt werden sollte.

Gerade Politiker sollten Menschen sein, die zwischen dem Ganzen, der hohen Ordnung, den moralischen Werten und Gesetzen und den materiellen Bedürfnissen und Erfordernissen vermitteln können und zwar durch Vereinbarungen, die dem Einzelnen größtmögliche Freiheiten und dem Gesamten größtmögliche Gesundheit bieten können. Sie müssen folglich stets das Ganze im Blickfeld haben und nicht nur für bestimmte Interessengruppen sich einsetzen, wie eben heute, wo vor allem für die Reichen und Mächtigen gearbeitet wird.

Die soziale Dreigliederung kann hier zu einer Gesundung beitragen, aber auch nur dann, wenn sie nicht nur als ein neues System oder Modell gesehen wird, sondern wenn sie als ein geistiges Prinzip erfasst wird, das das Irdische, den natürlichen Menschen wieder an das Höhere, an den kosmisch-geistigen Menschen anschließen will.

Dass diesem Ansinnen dabei bestimmte Gegenkräfte entgegenstehen, muss nicht sonderlich betont und erläutert werden. Die Zukunft wird es zeigen, ob sich das noch zarte Pflänzchen „Dreigliederung" zu einer stattlichen Pflanze hinentwickelt, die bis zur Blüte und Frucht heranreifen will. In den nächsten Jahren wird es vermehrt darauf ankommen, dass sie ihre Blätter entfaltet und ihr Wachstum nach oben, zum Himmlischen hin verstärken kann. Nicht so sehr technische Details sollten daher im Vordergrund stehen, sondern der Blick auf das Ganze, auf die Zukunft der Blüte hin. Wird diese einmal erscheinen können, werden daraus reichhaltige Früchte hervorgehen. Wenn auch der einzelne Beitrag für die soziale Dreigliederung heute noch sehr klein und unvollkommen erscheinen mag, egal auf welchem Gebiet, ob im Familiären, in Arbeitsverhältnissen und Institutionen, in Gemeinden, Ländern und Staaten, vielleicht sogar im Weltganzen, so ist dies nicht vergebens.

Was geistig angelegt ist, kann nicht zugrunde gehen. Es kann nur aufgehalten und ausgebremst werden. Das Prinzip der Dreigliederung ist ein universelles Prinzip, das den gesamten Kosmos durchzieht. Es kann daher in sämtlichen Bereichen des Lebens angewendet werden. In früheren Büchern von mir ist dies zum Beispiel für Partnerschaften vertiefend ausgeführt worden.

Jedoch wird sich dieses universelle Prinzip immer auch den jeweiligen Zeiterfordernissen anpassen müssen, damit kein starres und dogmatisches Konzept daraus entstehen kann. In der Vergangenheit gab es ja etliche Streitereien seitens mancher Dreigliederer, die ihre Ansicht als das „Wahre" verteidigen wollten. Doch mit irgendwelchen Konzepten, Modellen und Systemen befinden wir uns immer noch im Dazwischen, in einem „Zwischenreich". Denn die polaren Kräfte im Weltganzen sind nämlich die

Menschen gegenüber dem Kosmos oder dem Göttlichen, die Materie gegenüber dem Geist, die Frauen gegenüber den Männern und so weiter. Aber nur der spielende Mensch, der nach Schönheit und Freiheit strebende Mensch, der nach den Idealen des Wahren, Schönen und Guten sich ausrichtet, wird in der Lage sein, die irdischen Verhältnisse und Erfordernisse nach geistigen Idealen umsetzen zu lernen.

In diesem Sinne dürfen wir auf den freien, liebevollen und guten Menschen hoffen und an ihn glauben, denn er ist in jedem Menschen zumindest als eine Anlage niedergelegt. Nur Geduld müssen wir haben und ein Vertrauen, dass dieser innere Mensch einmal geweckt wird, entweder durch eigene Einsichten oder aber durch Krisen, Krankheiten und Katastrophen. Da kann jeder Einzelne sich entscheiden, ob er zu denen gehören will, die das Gute fördern oder zu denen, die letztendlich zu „überwinden" sind. Die Zukunft kommt uns ja entsprechend unserer Motivationen und Entscheidungen entgegen.

Letztendlich ist die soziale Dreigliederung weniger ein Modell, das dem gesellschaftlichen Organismus „übergestülpt" werden kann, wie es der Kapitalismus, Kommunismus und Neoliberalismus tut. Viel eher geht es zunächst um eine innere Haltung und Einstellung, aus der heraus ganz lebenspraktisch die Belange des Geistes-, des Rechts- und des Wirtschaftslebens gestaltet werden sollen. „Das Was bedenke, mehr das Wie ..." Dieses Zitat von Goethe darf überall angewendet werden, auch in der sogenannten Dreigliederung. Kein festes Schema und Korsett ist hierbei verlangt, viel mehr braucht es Menschen, die sich in innerer Freiheit den geistigen Prinzipien und Gesetzen zuwenden wollen. Daraus entspringen schließlich die Inspirationen zu einem guten Wirken in der Welt.

Dreigliederung und Lebenspraxis

Es ist ja noch relativ einfach und leicht verständlich, die Ideale der Freiheit, Gleichheit und Brüderlichkeit den gesellschaftlichen Bereichen und Gliedern des Geistes-, des Rechts- und des Wirtschaftsleben zuzuordnen. Die konkreten Nöte und Aufgaben der heutigen Zeit mit den Prinzipien der Sozialen Dreigliederung zu verbinden, ist jedoch eine ziemliche Herausforderung für den heutigen „Durchschnitts-Zeitgenossen". Viel lieber haben sie deshalb einen „Einheitsstaat", der alles gesellschaftliche Leben regeln soll. Doch zu viel Macht in nur wenigen „Händen" verleitet sehr leicht zu falschem Tun.

Und so ist es auch kein Wunder, wenn an vielen Orten in der Welt autoritäre Herrschafts-Systeme entstehen, sei es in der Politik, in der Religion oder auch im Wirtschaftsleben. Doch das ist gerade ein Anspruch der Dreigliederungs-Idee, dass die individuelle und geistige Freiheit das höchste Gut im und für den Menschen ist. Doch diese Freiheit will errungen sein. Sie ist eben nur möglich in einem Rechtssystem, wo jeder Einzelne ein gleiches Recht vor dem Gesetz besitzt. Zudem wird ein friedliches Miteinander nur dann gelingen können, wenn die wirtschaftlichen Verhältnisse so geregelt sind, dass keine sozialen Ungerechtigkeiten entstehen müssen. Dazu soll in die Wirtschaft der Geist einer Brüderlichkeit, also ein solidarisches Prinzip Einzug finden. Die Politik beziehungsweise das Staatsleben muss vom Gleichheits-Gedanken durchdrungen sein und das kulturelle Leben vom Freiheits-Gedanken, der dem Menschen erst wirklich seine wahre Würde verleihen kann.

Wie kann nun die Wirtschaft so ausgerichtet werden, dass sie nicht mehr den menschlichen Egoismus, das immer mehr Haben-wollen schürt, wie in unseren Tagen, da der Kapitalismus auf ein immer größeres Wachstum angewiesen ist. Dass damit die Erde zugrunde gerichtet wird, dürfte inzwischen klar geworden sein.

Zu sehr ins Detail will ich hier aber nicht gehen. Dafür gibt es schon gut ausgearbeitete Alternativen aus der Dreigliederungs-Bewegung. Ohne Änderung im Bereich des Geldwesens (Zinseszins), in den Besitzrechten von Grund und Boden, sowie der Abschaffung der Spekulationen und dem Ausverkauf von Fabriken und Wohnungen durch sogenannte Investoren, wird es keine Gesundung beziehungsweise keinen Rückgang der Spaltung in Arme und Reiche geben.

Der mündige Verbraucher sollte zudem vermehrt in den Wirtschaftskreislauf einbezogen werden, da das Wirtschaftsleben aus Produzenten, Dienstleistern, Händlern und Konsumenten besteht. In bestimmten Assoziationen sollten daher alle am Wirtschaftsleben Beteiligten zusammen kommen, um auf der Grundlage eines tatsächlichen Bedarfs nur das zu produzieren, was wirklich notwendig ist, damit überhaupt ein nachhaltiges Wirtschaften gewährleistet werden kann. Eine Wegwerf-Produktion sollte es nicht mehr geben.

Der Staat, also die Politik, muss entsprechende Gesetze erlassen, die einen Rahmen bilden für die Wirtschaft, diese dann aber schaffen lassen, ohne übermäßige Bürokratie, Subventionen oder direkten Einflussnahmen. Gerechte Steuergesetze, Umwelt-Auflagen, Sozialstandarts und Arbeitnehmerrechte bilden den Rahmen, an dem sich auch im Ausland hergestellte Produkte messen lassen müssen. Was im eigenen Land zum Verkauf angeboten wird, sollte eben gewissen Standarts entsprechen, vor allem auch, wenn es um die Tierhaltung oder die Ressourcen-Ausbeutung geht, was also die Nachhaltigkeit und die Ausbeutung von Mensch und Erde betrifft. Da könnte durch eine entsprechende Besteuerung ausgleichend und mäßigend eingewirkt werden.

Die eigentliche Aufgabe der Politik ist es ja, die Bürger zu schützen und Gesetze zu erlassen, die ein gutes Miteinander garantieren können. Dabei dürfen keine Interessengruppen bevorteilt, andere dagegen benachteiligt werden. Und sie muss dafür sorgen, dass sich das Geistesleben frei entfalten kann. Die Medien, die Wissenschaften, die Künste, die Bildung und das religiöse Streben darf nicht von Geld-, Wirtschafts- und politischen Mächten vereinnahmt werden. Heute wird ja das geistige Leben immer stärker von den Interessen einiger Reicher, von einer sogenannten Plutokratie vereinnahmt. Es gibt kaum mehr freie Zeitungen, Medien und Forschungs-Institute. Ein Geist der Vereinnahmung will alles geistige Leben normieren und in einen Bereich hineinlenken, der nur noch dem Macht- und Egostreben gewisser „Eliten" dient. Aber gerade das Geistesleben ist es ja, was den Menschen zum Menschen macht, weil da unsere moralischen, kreativen und ethischen Werte gepflegt werden sollen, mit denen der Mensch erst wirklich eine gesunde und positive Entwicklung haben kann. Doch der Kampf um den menschlichen Geist, um das Wahre, Schöne und Gute ist voll entflammt. Das sind die Signaturen unserer Zeit.

Der Klimawandel und die ökologischen Miseren beruhen letzten Endes auf Versäumnissen unseres geistigen Bewusstseins. Deshalb ist eine Heilung unserer vielfältigen Probleme immer auch eine Bewusstseinsfrage. Ja, auch die Idee der Sozialen Dreigliederung fordert ein erweitertes Bewusstsein, das sich vor allem am Lebendigen, am Organischen heranbilden soll. Ein abstraktes, mechanisches Denken, das nur das Tote, die Materie gelten lassen will, kann nur die Todesprozesse stärken, nicht aber das Lebensvolle und Geistige.

In den praktischen Herausforderungen des gesellschaftlichen Lebens, wie bei der Renten- oder der Gesundheitsfrage, müssen sich die Ideen und Ideale der Dreigliederung natürlich auch bewähren können, sonst verbleibt alles nur im Theoretischen und Ideellen. Gehört das Gesundheitswesen und das Rentensystem in das Wirtschafts-, Rechts- oder Geistesleben? Da können selbst versierte Dreigliederer ins Streiten kommen. Wie soll nun ein menschlicheres Geldsystem aussehen oder wie geht man mit den militärischen und verteidigungspolitischen Errungenschaften um? Von bestimmten Idealen her kann man sich gerne eine gute und gesunde Welt wünschen und im Geiste kreieren. In der praktischen Politik wird man aber immer wieder Kompromisse finden und eingehen müssen, einfach weil die Interessenlagen in der Bevölkerung verschieden sind. Jedoch, ein wirklich freies Geistesleben wird am ehesten die Kraft und Ausdauer finden, solche Fragen und Dissonanzen diskutieren und klären zu lernen, auch wenn dies mit einem längeren Prozess verbunden sein kann.

Überhaupt sollten wir uns angewöhnen, mehr in Prozessen und prozessualen Entwicklungen zu denken, als in fertigen Systemen und Modellen. Denn das soziale Leben ist sehr vielfältig und wird sich auch immer weiter entwickeln wollen, so dass geschaffene Systeme und Strukturen immer wieder einer Wandlung unterzogen werden müssen. Ja, auch die Gedanken, die Rudolf Steiner vor circa 100 Jahren zur Dreigliederung geäußert hat, müssen den heutigen Gegebenheiten angepasst werden. Doch die Grundprinzipien, das Prinzip der Dreiheit ist universell, es findet sich in der Musik (Rhythmus, Harmonie, Melodie), in der Dichtung (Dramatik, Lyrik, Epik), selbst im Fußball (Verteidigung, Mittelfeld, Angriff), eigentlich überall. Es kann aber noch weiter differenziert werden, denn auch die Vier- oder Fünfheit, die Siebenheit oder die Zwölfheit haben bestimmte Wirkenskräfte und können bei der Ausgestaltung eines lebendigen sozialen Organismus hilfreich sein. Weiterführende Gedanken dazu finden sich in früheren Schriften von mir. So muss hier auf eine detaillierte Ausarbeitung verzichtet werden, da mein Augenmerk darauf gerichtet ist, einen lebendigen und offenen Blick auf die Ideen und Ideale der Dreigliederung zu lenken und nicht so sehr auf die praktische Umsetzung in der Gesellschaft; auch weil dafür noch kein genügendes Interesse in der Bevölkerung vorhanden ist. Doch im Kleinen, in der Familie, in Institutionen und Arbeitsverhältnissen können wir beginnen, Erfahrungen zu sammeln und wenn es da gut funktioniert, werden unsere Mitmenschen neugierig und auch bereit, sich damit näher zu beschäftigen. Aufs Tun kommt es letztlich an.

Dazu wollen wir zunächst in den irdischsten Bereich des gesellschaftlichen Lebens, in das Wirtschaftsleben eintauchen, das heute am stärksten einer Reform bedarf, damit auch dieses von guten geistigen Kräften und Idealen durchdrungen werden kann.

Das Wirtschaftsleben

Das Ökonomische ist heute die bestimmende Kraft in der Gesellschaft. Alles wird praktisch zu einer Ware gemacht. Selbst die Bildung und die Forschung wird mehr und mehr nach wirtschaftlichen Interessen und Notwendigkeiten ausgerichtet und die Verquickung von Wirtschaftsverbänden im sogenannten Lobbyismus mit der Politik untergräbt zusehends das demokratische Prinzip der Gleichheit vor dem Recht.

Der Konkurrenz- und Wettbewerbs-Gedanke in der Wirtschaft wird zu einem Dogma erhoben, womit letztlich ein immer billigeres, ausbeutendes und zerstörendes Element in das Wirtschaftsleben hineinkommen muss. Dabei hat die Wirtschaft die grundsätzliche Aufgabe, die materiellen Bedürfnisse der Menschen zu befriedigen. Deshalb sollte das Wirtschaftsleben das Ideal der Brüderlichkeit beziehungsweise der Geschwisterlichkeit in den Mittelpunkt stellen, woraus ein solidarisches, nachhaltiges und assoziatives Wirtschaften entspringen kann.

Da die Soziale Dreigliederung auf dem Trinitäts-Prinzip beruht, so enthält die Wirtschaft selbst wiederum drei Glieder, die erst in einem „brüderlichen" Zusammenwirken zum Wohle des Ganzen beitragen können. Da sind vordergündig natürlich die Produzenten und die Dienstleister zu nennen, dann die Händler und schließlich die Konsumenten und Verbraucher, deren Bedürfnisse erfüllt werden sollten. Heute wird ja der Verbraucher selten gefragt, welche Bedürfnisse er wirklich hat. Eher werden durch eine geschickte Werbung künstliche Bedürfnisse geweckt. Dadurch entsteht eine immense Überproduktion, wir produzieren zu viel „Müll" und dies auf Kosten der kommenden Generationen und der ganzen Erde.

Eine Selbstverwaltung innerhalb der Wirtschaft könnte in einem eigenen Wirtschaftsrat oder Ministerium, worin Mitglieder aus Produzenten, Dienstleistern, Händlern und Verbraucherverbänden immer wieder den Bedarf an Konsumgütern eruieren und durch eine solidarische Zusammenarbeit eine schonende und nachhaltige

Produktion gewährleisten. Dadurch könnte die Arbeitszeit für die materiellen Bedürfnisse und die wirtschaftlichen Tätigkeiten sicherlich verringert werden, damit der Einzelne mehr Zeit für soziale und kulturell-geistige Bedürfnisse finden kann. Wichtig ist es, dass sich die Wirtschaft selbst organisiert und verwaltet. Der Staat hat nur die äußeren Rahmenbedingungen für den Umwelt- und Arbeitsschutz, wie auch für Steuern und Abgaben vorzugeben. Er hat aber selbst keine wirtschaftlichen Aufgaben zu leisten. Wichtig ist in diesem Zusammenhang, dass Fabriken und Unternehmen selbst nicht mehr als Waren angesehen werden, um sie weiterverkaufen zu können. Denn sie gehören zum Vermögen einer Gesellschaft beziehungsweise eines Landes hinzu. Auch sollte nicht ein Geldgeber oder Aktionär bestimmen können, wie und wohin sich ein Betrieb entwickeln soll, sondern die Assoziation aus Produzenten, also der Belegschaft im Betrieb, sowie den Händlern und Verbrauchern. Ein Betrieb sollte letztlich den Menschen zugehören, die diesen am besten führen können. Das betrifft auch die Erbschaftsfolge. Konsequenterweise bedeutet dies, dass größere Betriebe nicht als Privat-Besitz verwaltet werden sollten; das Betriebs-Eigentum sollte neutralisiert werden können, zum Beispiel in Stiftungen und Ähnlichem.

Der Kapitalismus möchte alles zu einer Ware machen, wo es dann nur noch um Kaufen und Verkaufen, also um einen Handel geht. Der Handel dominiert heutzutage auch viele Bereiche des Wirtschaftslebens. Dadurch werden die Produzierenden oftmals selbst ausgebeutet, dem Konsumenten wird eine „billige" Wunderwelt versprochen, doch letztlich wird durch solch ein Gebaren immer stärker ein egoistisches Verlangen heraufbeschworen, also das Gegenteil einer echten Brüderlichkeit. Soll der Preis einer Ware möglichst niedrig sein, um ja konkurrenzfähig bleiben zu können, so kann dies nur geschehen, wenn entweder die Rohstoffe sehr billig gefördert oder die Arbeitskraft schlecht entlohnt wird oder diese gar durch Maschinen ersetzt werden kann.

Viele Unternehmen haben in solch einem Wirtschaftsgebaren keine guten Zukunftsaussichten und Hoffnungen, denn entweder machen sie das „Spiel" des Konkurrierens mit oder sie müssen Angst haben, von anderen Firmen „geschluckt" zu werden.

Gewiss, der wirtschaftliche Markt reagiert auf Angebot und Nachfrage, doch dies kann in einem Füreinander und Miteinander besser geregelt werden als in einem Gegeneinader. Zudem gibt es Bereiche der grundlegenden Daseinsfürsorge, die nicht allein den Gesetzen des Marktes überlassen werden dürfen, wie zum Beispiel die Bereiche der Gesundheit, der Energie, der Ressourcen, des Wassers, der Landwirtschaft und dem Besitz von Grund und Boden, aber auch die Bereiche des Geld- und Bankenwesens, wo privatwirtschaftliche Interessen zu großen Schäden für das Gesamte führen können. Hier sollte immer eine Gemeinnützigkeit im Vordergunde stehen. Doch das sind Bereiche, die gesondert betrachtet werden müssen. Darauf soll in einem weiteren Kapitel etwas näher eingegangen werden.

Natürlich ist diese Darstellung des Wirtschaftlichen hier nur sehr bruchstückhaft ausgeführt. Eine vertiefende Erarbeitung muss dann auch den Fachleuten überlassen werden. Jedoch können die grundlegenden Prinzipien für ein solidarisches Wirtschaften auch heute schon in zahlreichen Initiativen, zum Beispiel in der Solidarischen Landwirtschaft, wahrgenommen und erkannt werden, wo es vor allem um einen Gemeinsinn, um das Zusammenkommen und Zusammenarbeiten von Produzenten und Verbrauchern geht. Dazu braucht es dann auch entsprechende Rechtsverhältnisse und Vereinbarungen, die diese Zusammenarbeit, die also das gemeinsame Wirtschaften und Tun regeln, damit alle darin Beteiligten ihre Bedürfnisse befriedigt bekommen. Schließlich ist hier noch die Preisbildung der produzierten Waren zu erwähnen, da durch die heutigen „Dumping-Preise" oftmals keine realen Kosten ausgedrückt werden und die Allgemeinheit für die entstehenden Schäden, zum Beispiel durch Umweltbelastungen aufkommen muss. Für eine tiefergehende Betrachtung der wirtschaftlichen Möglichkeiten in einem dreigliedrigen Organismus verweise ich auf das Literaturverzeichnis, vor allem auf den Nationalökonomischen Kurs von Rudolf Steiner.

Das Rechtsleben

In einem demokratischen Rechtsstaat soll der mündige Bürger, also jeder Erwachsene, die gleichen rechtlichen Pflichten und Möglichkeiten erhalten können, unabhängig von seinem Status und Vermögen. Hier soll das Gleichheits-Prinzip walten.

Die Bürger wählen ihre Vertreter ins Parlament und können durch Wahlen, Petitionen und Abstimmungen am politischen Leben teilnehmen, so wie dies im Grundgesetz verankert ist.

Nur haben wir heute ein Staatsleben, das über die eigentlichen Aufgaben und Belange des Rechtslebens hinausgeht, da der sogenannte „Einheitsstaat" sich für so ziemlich alles in der Gesellschaft verantwortlich fühlt, also auch für das Geistes- und das Wirtschaftsleben. In einem dreigliedrigen Gemeinwesen soll der Staat sich aber auf die Rechtssphäre beschränken, also auf die Judikative, Legislative und Exekutive beziehungsweise auf die Rechtsprechung und ihre Einhaltung.

Doch schon bei der Gerichtsbarkeit muss man differenzieren. Steuerrechte, Verkehrs- und Verwaltungsrechte gehören in den politischen Bereich, also alles, was ein geordnetes Zusammenleben der Bürger betrifft. Menschenrechte, Verfassungsrechte, das Strafrecht, also alles, was geistig-kulturelle und moralische Fragen angeht, gehört in das Geistesleben und muss unabhängig von der Politik agieren können, wie dies zum Beispiel der internationale Strafgerichtshof für Menschenrechte oder auch das Verfassungsgericht heute schon vermag.

Jedoch sollte im Verhältnis zum Wirtschaftsleben noch eine Art Zwischenreich erörtert werden, was vor allem das Geldwesen und die allgemeinen Lebensgrundlagen wie die Wassernutzung, die Energie, die Ressourcen, den Grund und Boden, das Gesundheitswesen, die Landwirtschaft und Ähnliches betrifft. Diese Bereiche dem rein Wirtschaftlichen, also den Gesetzen des Marktes zu überlassen, bringt eben die vielen Probleme, die wir heute gesellschaftlich wahrnehmen können. Der Umgang mit diesen existentiellen Lebensgrundlagen muss zuvorderst rechtlich geregelt sein, da jeder Mensch einen Anspruch auf eine lebenswerte Daseinsgrundlage haben sollte.

Das Geldwesen, also die Banken, sie dürfen weder verstaatlicht werden, denn sie müssen unabhängig vom Staat agieren können, noch sollten sie nach kapitalistischen beziehungsweise nach rein gewinnorientierten Maximen handeln, denn sie haben in der Gesellschaft die Aufgabe, den finanziellen Bedarf für das Gemeinwesen zu organisieren. Also sollten sie gemeinnützig arbeiten, das heißt, zum Wohle des Ganzen und nicht nur für Anleger und Aktionäre, die ihr Geld selbst zu einer Ware herabstufen und für Gewinnsteigerungen verwenden wollen.

Geld ist ursprünglich ein Tauschmittel, das auf rechtlichen Vereinbarungen beruht und das sollte auch so gehandhabt sein.

Inzwischen gibt es recht gut ausgearbeitete Geldsysteme, die eine Alternative zu unserem heutigen „kranken" Geld anbieten können. Ähnlich verhält es sich mit dem Gesundheitssystem, mit der Landwirtschaft, mit Energie und Rohstoffen oder mit dem Verkehrswesen, denn diese sollen allen Menschen zugute kommen und dafür müssen rechtliche Rahmenbedingungen geschaffen werden. Eine Marktwirtschaft führt in diesen Bereichen nur zu Verzerrungen, da der Wettbewerbsgedanke immer in Starke und Schwache teilen wird. Wem gehört der Boden, wem gehören die Rohstoffe eines Landes, wem gehören die Krankenhäuser und die Energiekonzerne? Das sind doch rechtliche Fragen, also müssen sie auf politischem Felde entschieden werden und nicht über die Kaufkraft mancher Unternehmen und Investoren.

Das geistige Vermögen, die Ausbildung und das Können zum Heilen, also für das Gesundheitswesen, ist im Geistesleben verortet. Die Bildung von Organisationen wie Krankenkassen, die verwalten, gehört in den rechtlichen Bereich, doch die Dienstleistungen, die Ärzte, Pfleger und Therapeuten vollbringen, sind auch von wirtschaftlichen Gesichtspunkten abhängig. Also entsteht hier ebenfalls eine Art Zwischenreich, das am besten geregelt werden kann, wenn auch hier eine Gemeinnützigkeit und nicht etwa ein

Gewinnstreben das Motiv für die Institutionen und Tätigen im Gesundheitswesen ausmachen kann.

Die Verwaltung von Grund und Boden ist zuvorderst eine Rechtsfrage und nicht eine Aufgabe der Wirtschaft. Andererseits braucht die Wirtschaft und speziell die Landwirtschaft den Boden, um damit arbeiten zu können. Eine Privatisierung führt aber dazu, dass der Boden selbst eine Ware, also ein Wirtschaftsgut ist, mit dem man handeln und spekulieren kann. Nicht Privatbesitz ist hier die Lösung, zumindest nicht im großen Maßstab, sondern die rechtliche Bedingung, dass nur der einen Zugriff zum Land bekommt, der damit etwas Sinnvolles, also für die Gesamtheit etwas Nützliches erschaffen kann, wie die Rohstoffverarbeitung, die Wasser- und Energiewirtschaft und ähnliches.

Immer sollte auch hier eine Gemeinnützigkeit bestehen, während in der „Privatwirtschaft", also in der Produktion von Waren des Konsums die Marktgesetze von Angebot und Nachfrage gelten dürfen, aber dies auch nur im Zusammenhang mit assoziativen Vereinbarungen und Verabredungen, die von den Produzenten und Händlern mit den Verbrauchern geschlossen werden.

Die Gemeinnützigkeit kann bewirken, dass der unternehmerische Geist nicht geschmälert wird, wie zum Beispiel durch staatliche Vorgaben in verstaatlichten Betrieben, jedoch dieses unternehmerische Handeln nicht dem Egoismus, sondern dem Gemeinwohl dienlich ist.

Grund und Boden wird besser durch eine Verpachtung geregelt als durch Privatbesitz. Warum soll auch ein Mensch mehr besitzen können als ein anderer? Doch nur, wenn er mit diesem Besitz etwas Sinnvolles für die Allgemeinheit herstellen kann. Dadurch wird der Geist der Brüderlichkeit gefördert, woraus allmählich eine soziale Gerechtigkeit entstehen kann, und die bedarf es, um einen sozialen Frieden erreichen zu können.

Selbstverständlich sollen Wirtschaftsbetriebe auch Gewinne erwirtschaften, die zu einem Teil wieder für das gesamte Gesellschaftsleben, vor allem für das Kultur- und Geistesleben verwendet werden können. Den Bedarf an finanziellen Zuwendungen, also an Lohn und Gehalt, sollten die in der Wirtschaft tätigen Arbeiter und Angestellten aber selber regeln und dies nach dem sozialen Hauptgesetz das Rudolf Steiner formuliert hatte:

„Das Heil einer Gesamtheit von zusammenarbeitenden Menschen ist umso größer, je weniger der Einzelne die Erträgnisse seiner Leistungen für sich beansprucht, das heißt, je mehr er von diesen Erträgnissen an seine Mitarbeiter abgibt und je mehr seine Bedürfnisse nicht aus seinen Leistungen, sondern aus den Leistungen der anderen befriedigt werden".

Die Arbeitnehmerrechte wie Arbeitszeitenregelung, Umwelt- und Gesundheitsschutz gehören als staatliche Aufgaben in das Rechtsleben hinein, dessen Augabe es vor allem ist, die Bürger zu schützen und allgemeine Regeln, wie zum Beispiel das Verkehrsrecht, aufzustellen, damit ein friedliches und humanes Zusammenleben unterschiedlichster Menschen gewährleistet werden kann.

Jeden Bereich des gesellschaftlichen Lebens genauer zu erfassen, würde den Rahmen dieser Schrift sprengen, so dass ich es hier bei kurzen Andeutungen und Anregungen belassen muss. Eine dataillierte Ausarbeitung benötigt natürlich eine entsprechende Fachkenntnis, doch ohne eine Übersicht, ohne einen großen Blick, der immer vom Ganzen ausgehen sollte, also von einem gesunden sozialen Organismus, verliert man sich allzu leicht im Detail.

Gerade im Rechtsleben sollte ein soziales Prinzip walten können, das zwischen den freiheitlichen Belangen des kulturellen Lebens und den Erfordernissen des Wirtschaftslebens ausgleicht und vermittelt, so wie entsprechend im menschlichen Leib das Herz-Kreislaufsystem zwischen dem Kopf-Nerven-Sinnes-Pol und dem Gliedmaßen-Stoffwechsel-Pol vermitteln und ausgleichen tut. Auch hierfür hat Rudolf Steiner einen Spruch erwähnt, den er das Motto einer sozialen Ethik nannte:

„Heilsam ist nur, wenn im Spiegel der Menschenseele sich bildet die ganze Gemeinschaft und in der Gemeinschaft lebet der Einzelseele Kraft".

Dies ist einem Atemprozess vergleichbar. Der Einzelne bekommt ein Bewusstsein und arbeitet für das Ganze und die Gemeinschaft, hier in der Form des Staates, sorgt dafür, dass sich jeder Einzelne nach seinen individuellen Möglichkeiten und Fähigkeiten gleichberechtigt für das Ganze einbringen kann. Dadurch entsteht erst eine menschengemäße Gemeinschaft, in der sich niemand benachteiligt oder ausgeschlossen fühlen muss.

In diesem Kontext können wir froh sein, dass unsere Vorfahren mit dem Grundgesetz bestimmte Rechtsverhältnisse geschaffen haben, die im Sinne der Sozialen Dreigliederung wirken. Allein der Artikel 2 des Grundgesetzes beschreibt das zentrale Motiv für das Geistesleben. „Jeder hat das Recht auf die freie Entfaltung seiner Persönlichkeit ...“ und im Artikel 3 ist die Grundlage für ein allgemeines Rechtsverständnis verankert: „Alle Menschen sind vor dem Gesetz gleich ...“

Doch so wie diese Artikel heute noch wahrgenommen und umgesetzt werden, bedarf es dringend einer erneuten „Auffrischung“. Man sollte sich daher nicht zu sehr auf den Lorbeeren der Vergangenheit ausruhen, denn wie die letzten Jahre zeigten, wird auch gerne an diesem Grundgesetz „herumgeschraubt“, so dass die staatliche Macht sich inzwischen in einigen Bereichen darüber hinwegsetzen kann.

Dieses Grundgesetz sollte uns aber heilig sein, denn es garantiert unsere individuellen Freiheiten, auch in Gesundheitsfragen, für die letztlich jeder selbst verantwortlich ist.

Ein Einheitsstaat, der alle Bereiche des gesellschaftlichen Lebens kontrollieren und reglementieren will, entwickelt sich zwangsweise mit der Zeit zu einem Obrigkeitsstaat beziehungsweise zu einem vormundschaftlichen Staat, ähnlich wie die Ostdeutschen diesen in ihrer Geschichte kennengelernt haben.

Wenn Politiker uns erzählen wollen, dass es keine Alternativen zu ihren Vorschlägen gibt, sollten wir wachsam sein, denn es gibt immer Alternativen, zumeist abseits von den gängigen Medien.

Schließlich sollten wir uns die Frage stellen: Wer macht eigentlich die Politik, die Bürger durch Wahlen und Abstimmungen oder sind es vielleicht schon die Konzerne und Finanzinvestoren, die den Poltikern vorschreiben, wohin die „Reise“ gehen soll?

Das Kultur- und Geistesleben

Was die Kultur einer Gesellschaft ausmacht, das beruht auf geistigen Fähigkeiten und Tätigkeiten. Dazu gehören die Bereiche Wissenschaft, Forschung und Bildung, als auch die Pressefreiheit, dann alle Künste und schließlich das religiöse Leben. In der Kultur muss Freiheit walten, damit die individuellen Fähigkeiten der Menschen gefördert werden können. Dies geschieht am besten, wenn es keine staatlichen oder wirtschaftlichen Einflussnahmen gibt, wenn sich die Kultur folglich selbst verwalten kann.

Das fängt bei Schulen und Universitäten an und geht über eine freie Forschung und ein wissenschaftliches Arbeiten bis zur Vielfalt der Künste und Religionen und sollte schließlich auch die Medien einbeziehen.

Institutionen des Kultur- und Geisteslebens verwalten sich selbst, die finanzielle Ausstattung wird zum Beispiel über einen Kulturrat geleistet, entsprechend einem Kulturministerium, das aber nicht mehr unter staatlicher Hoheit steht. Durch eine Kultursteuer kann die Verteilung des Geldes an die einzelnen Bereiche des Geisteslebens durch die Mitglieder des Kulturrates geregelt werden. Das ist sicher nicht ganz einfach, doch da wird sich erst zeigen, welches kulturelle und moralische Niveau vorhanden ist. Staatliche Rahmenbedingungen dürfen dafür sorgen, dass keine inhumanen Werte und Machenschaften entstehen. Ansonsten sollte das soziologische Grundgesetz zum Tragen kommen, so wie dies Rudolf Steiner formulierte:

„Die Menschheit strebt im Anfange der Kulturzustände nach Entstehung sozialer Verbände; dem Interesse dieser Verbände wird zunächst das Interesse des Individuums geopfert. Die weitere Entwicklung führt zur Befreiung des Individuums von dem Interesse der Verbände und zur freien Entfaltung der Bedürfnisse und Kräfte des Einzelnen".

Die Kultur dient demzufolge zur individuellen Fähigkeiten-Entwicklung, also zur Bildung und Ausbildung und dazu muss jeder

Bürger einen staatlich garantierten, freien und gleichberechtigten Zugang bekommen, was zum Beispiel die Chancengleichheit auf dem Bildungssektor betrifft. Da könnte die Idee eines Bildungs-Gutschein dafür sorgen, dass sich Schüler, Studenten und Eltern ihre entsprechenden Bildungseinrichtungen selber auswählen können. Natürlich hat dann auch eine freie Bildungs-Einrichtung das Recht, ihre Schüler auszuwählen.

In ähnlicher Weise sollte auch der Zugang zu den Medien so gestaltet werden, dass hier ein gleichberechtigtes Einbringen möglich wird. Heute wird die Medienlandschaft von wirtschaftlich und politisch Mächtigen vereinnahmt. Ein freier Journalismus wird oftmals gar bekämpft. So müsste auch hier der Staat Rahmenbedingungen schaffen, damit die Medien nicht für Meinungsmache und Manipulation missbraucht werden können. Die Pressefreiheit bleibt sonst eine Farce.

So wie das Kultur- und Geistesleben ein Glied im sozialen Organismus, neben dem Staats- und Wirtschaftsleben ausmacht, so kann das Geistesleben selbst wiederum in drei Bereiche untergliedert werden, hauptsächlich nämlich in die Wissenschaft und Bildung, in die Kunst und in die Religion. Darin finden Menschheits-Ideale ihren Ausdruck, zu denen wir als geistige Wesen hinstreben dürfen. Diese sind bekanntermaßen die Ideale des Wahren, des Schönen und des Guten. Die Wissenschaft sollte daher nach der Wahrheit streben, die Künste sollen sich dem Schönen nähern und die Religionen dürfen schließlich das Gute fördern.

Dadurch kann die Gesellschaft als Ganzes die nötigen geistigen und moralischen Impulse erhalten, die sie für ein gutes Zusammenleben dringend braucht. Hängt die Kultur am „Tropf" des Staates und ist abhängig von Geldmitteln seitens der Wirtschaft, wird sie nicht die Kräfte entwickeln können, die in ihr selbst verankert sind. Ist das kulturelle Leben aber zu schwach, wird zumeist der wirtschaftliche oder politische Bereich dominieren wollen, so wie dies weltweit wahrzunehmen ist.

Kultur ist mehr als eine Freizeit- und Unterhaltungs-Veranstaltung. Die Werte, die aus einer freien Kultur entstehen können, machen den Menschen erst zu einem ganzen Menschen. Als Naturwesen ist der Mensch den wirtschaftlichen Erfordernissen ausgesetzt. Als soziales Wesen muss er sich in rechtlichen Vereinbarungen für ein gutes Zusammenleben engagieren. Und als geistiges Wesen hat er seine individuellen Fähigkeiten so auszubilden, dass er zum Wohle des Ganzen, zu einem Gemeinwohl beitragen kann.

Auf einzelne Bereiche des Geisteslebens kann hier jedoch nicht näher eingegangen werden. Entscheidend wird es vor allem sein, dass wir erkennen, wie eine Korrumpierung und Vermischung der einzelnen Bereiche zu immer größerer Ungleichheit und Ungerechtigkeit in der Gesellschaft führen muss. Eine Freiheit in der Wirtschaft macht die Reichen reicher, eine Kumpanei, eine falsche Brüderlichkeit in der Politik mit der Wirtschaft führt zu kranken Machtgebilden, wie heute zum Beispiel in der Verquickung der Pharma-, Agrar- und Nahrungsmittel-Industrie mit der Politik.

Das Bildungswesen leidet unter staatlichen und wirtschaftlichen Eingriffen und Maßnahmen sowieso, das kann seit Jahren beobachtet werden. Schüler werden „genormt", Lehrer überlastet, von einer freien Bildung nach den Humboldtschen Idealen sind wir inzwischen meilenweit entfernt. Scheinbar sollen nur noch gut funktionierende, für die Wirtschaft und den Konsum brauchbare und angepasste Bürger daraus hervorgehen.

Und wenn auch noch die künstliche Intelligenz den Menschen „überflügeln" sollte, ist es sowieso vorbei mit dem freien und mündigen Menschen. Denn es gibt Kräfte und Mächte, die gerade diesen freien und geistvollen Menschen negieren und am liebsten in einen manipulierten und gut funkionierenden Konsumenten, den man mit Amusement, Sattheit und Zeitvertreib bei Laune hält, Hauptsache er stört nicht die Hab- und Machtsüchte einer sogenannten „Elite", die meinen, sie könnten die Welt nach ihren Entwürfen regeln und vereinnahmen. Ein großer Kampf um den freien Geist ist im Menschen und in der Menschheit entbrannt, den jeder nur für sich selbst gewinnen kann. Noch haben wir die Möglichkeit, uns für die wahren und guten Ideale einzusetzen, noch sind die Weichen nicht entgültig gestellt. Doch die Angriffe auf den freien Menschen werden sich in den nächsten Jahren noch verstärken.

In welcher Gesellschaft wollen wir zukünftig leben?

Diese Frage berührt unser innerstes und geistiges Menschsein. Schaffen wir Strukturen, die aus kosmisch-geistigen Prinzipien und Idealen hervorkommen oder überlassen wir uns in innerer Bequemlichkeit und Eitelkeit irgendwelchen „Führern", die vorgeben, das Beste für uns zu wissen und umzusetzen, dies wird über das Wohl oder Wehe zukünftiger Jahre mitentscheiden.

Der Weltgeist fordert in unserer Zeit, also in der beginnenden Wassermannzeit, dass sich die Menschen immer stärker selbstbestimmen lernen und zwar aus eigener Einsicht und Erkenntnis heraus. Ansonsten werden wir von anderen Mächten bestimmt und die haben ganz andere Absichten als den freien und sich selbstbestimmenden Geistesmenschen. Wir haben es folglich selbst in der Hand, ob wir zusammen mit dem Weltgeist, mit den fortschreitenden Geisteskräften wirken wollen oder ob wir die Hindernisse darstellen, die aus momentanen Vorteilen und Bequemlichkeiten die Menschheitszukunft aufs Spiel setzen. Der Weltgeist, der kosmisch-geistige Wille wird es aber nicht zulassen, dass die lauen und kranken Kräfte dauerhaft die Welt beherrschen. Das hat die Geschichte immer wieder gezeigt. Letztendlich setzt sich das Gute immer wieder durch. Doch der Preis dafür kann recht hoch sein.

Ein 33-jähriger geistiger Sonnen-Rhythmus und Impuls durchzieht die Geistesgeschichte der Menschheit seit der Zeitenwende und bringt immer wieder neue soziale Impulse hervor, so wie ich diese für die vergangenen Jahrhunderte hier kurz darstellen will.

In den Jahren von 1883 bis 1889 führte Otto von Bismarck die Kranken-, Unfall- und Rentenversicherung ein. 33 Jahre später, von 1917 bis 1923 entstand die Dreigliederungs-Bewegung durch Rudolf Steiner. 1949 bis 1955 wurde das Grundgesetz und die soziale Marktwirtschaft in Deutschland eingeführt. Von 1983 bis 1989 kämpfte die Friedensbewegung gegen die militärische Aufrüstung, so dass es 1989 zum Fall der Berliner Mauer kam und der Ost-West Konflikt entschärft werden konnte. In unserer Zeit, also von 2017 bis 2023 erfolgt ein weltweite Ökologie-Bewegung, auch als Fridays for future bekannt, wo es darum geht, eine neue Beziehung zur Mutter Erde aufbauen zu lernen.

Insgesamt betrachtet kann eingesehen werden, dass sich dieser Sonnen-Impuls immer mehr in die globale Weite ausdehnen will, hin zu einer Menschheit und einer Erde, für die wir Menschen die volle Verantwortung übernehmen müssen.

Was wir der Erde und den Kreaturen darauf antun, das wird alles einmal auf uns zurückkommen. Die Corona- und die Klimakrise bezeugen dies. Es ist daher eine wichtige geistige Frage und Einstellung, welchem Geist wir uns zugesellen wollen, dem Geist der Ehr-, Hab- und Machtsucht oder dem Geist der Wahrheit, der Liebe und der Güte. Wir haben in jedem Augenblick und in jeder Lage die freie Entscheidung, denn wir sind zuvorderst geistige Wesen mit einer geistigen Abstammung. In diesem Geiste sind wir unangreifbar und unzerstörbar, das sollten wir doch beherzigen, so wie dies Friedrich Hölderlin ausdrückte:

„Darum weil ich frei im höchsten Sinne, weil ich anfangslos mich fühle, darum weiß ich, dass ich unzerstörbar bin".

Doch der Geistesbürger sollte den Erdenbürger nicht vergessen. Erst die Dreiheit aus Geist, Seele und Körper beziehungsweise aus Geistigem, Sozialem und Natürlichem macht den Menschen ganz. Dadurch kann er erst zum Wohle des Ganzen, für den großen Menschheitsgeist und für die Menschheits-Familie wirken, worin jeder Einzelne eben ein Glied, wie in einer sehr langen Kette ist. Alle gehören dazu, niemand darf ausgegrenzt und ausgeschlossen werden, auch die „Bösewichte" nicht, denn auch sie haben eine wichtige Aufgabe, die wir durchschauen lernen sollten. Wir dürfen am Falschen und Kranken wach werden und daran erkennen, was das wirklich Gute ist.

Der geistige Mensch, der freie und erkennende Mensch hat eben die Möglichkeit in sich, solch einen für die Zukunft entscheidenden, kreativen und selbstschöpferischen Schritt zu tun.

Zum König werden

Der geistige Mensch soll ein König sein. Er soll dabei nicht herrschen über andere, jedoch über und in sich selbst. Er soll Herrscher in seinem Seelenleben sein, über seinen niederen Trieben, Affekten und Begierden stehen können und das geht ja nur, wenn er in sich eine Instanz, einen inneren „Raum" finden kann, wo er frei von inneren und äußeren Bedrängnissen verweilen darf. Dieser Raum ist in seinem Wesenskern, in seinem Ich vorhanden, das er aber erst selbst setzen, bejahen und erfahren muss.

Jedoch, nicht das niedere, das an das Leibliche gebundene Ich, das sogenannte Ego ist damit gemeint, sondern das sonnenhafte „Ich bin", das in sich selbst Kern und zugleich auch Peripherie ist, so wie die Sonne, die Zentrum und Umkreis in sich vereint. Erst dieses Ich ist fähig zur Selbstbestimmung und zu innerer Freiheit, da es zwischen den äußeren Notwendigkeiten und leiblich-seelischen Bedürfnissen und den moralischen Werten und Idealen einer geistigen Welt ausgleichend und vermittelnd tätig werden kann und dies mit wachsender persönlicher Reife und Erkenntnisfähigkeit.

In und aus diesem Ich hat der Mensch eine eigenständige Entwicklungsmöglichkeit; er kann selbst König sein, der allmählich fähig wird, auch sein Umfeld weise und liebevoll mitzugestalten.

In Goethe`s Märchen von der grünen Schlange und der schönen Lilie wird in geheimnisvollen Bildern von Königen gesprochen, die in einem unterirdischen Tempel verweilen, bis sie von einem Jüngling, der nach Weisheit strebt, allmählich erkannt und dadurch auch befreit werden können. Goethe schildert in diesem Tempel einen goldenen, eine silbernen, einen ehernen und einen gemischten König.

Der goldene König steht für den geistigen Menschen, entsprechend dem Geistesleben. Seine Aussage lautet: Erkenne das Höchste! Der silberne König steht für den sozialen Menschen beziehungsweise dann auch für das Rechtsleben. Seine Aussage lautet: Weide die Schafe. Und der eherne König beschreibt den

Naturmenschen beziehungsweise das Wirtschaftsleben auf der gesellschaftlichen Ebene. Sein Spruch: Das Schwert an der Linken, die Rechte frei. Und der gemischte König, in dem alle drei Substanzen, das Gold, das Silber und das Erz durchmischt enthalten sind, er gibt ein besonderes Rätsel auf. Erst wenn dieser König zerfällt, kann der Tempel an die Oberfläche treten.

Manche Dreigliederer vergleichen den gemischten König mit dem Einheitsstaat, der bis heute noch versucht, alle Bereiche des gesellschaftlichen Lebens zu gestalten und sich dabei mehr und mehr überfordert. Doch was soll der gemischte König, der erkannt und überwunden werden soll, dann im individuellen Leben sein?

Im Märchen lecken die Irrlichter das Gold aus dem gemischten König heraus, dadurch zerfällt er und der Weg nach oben wird somit frei.

Was bindet der gemischte König an sich, was müsste aus dem Einheitsstaat herausgeleckt werden, damit dieser zerbricht? Oder mit anderen Worten gefragt, was ist es, das im einzelnen Menschen den Geistes-, den sozialen und den natürlichen Menschen miteinander verbindet?

Es ist die Lebensenergie und damit der sogenannte Lebensleib, der Leib, Seele und Geist miteinander verbindet. Die Irrlichter, sie entsprechen dem Verstand, dieser muss das Gold, die Weisheit, also den lebendigen Geist finden und in sich hereinnehmen, damit er die einzelnen Glieder seines Seins unabhängig voneinander erkennen und befreien kann. Folglich soll zunächst das Geistesleben aus dem Einheitsstaat befreit werden können, was eine Selbstverwaltung der Schulen, der Universitäten, der Wissenschaften, der Künste, der Medien und der Religionen mit sich bringen müsste.

„Erkenne das Höchste" – die individuelle Aufgabe jedes einzelnen Menschen ist es, dieses Höchste, diese geistige Freiheit für sich zu erkennen.

„Weide die Schafe", das politische Leben wird von der Gleichheit der Einzelnen vor dem Gesetz bestimmt.

„Das Schwert an der Linken, die Rechte frei" – der Mensch kämpft nicht mehr mit oder gegen seinesgleichen, er reicht ihm brüderlich Hand. Ein solidarisches Wirtschaften kann beginnen.

Für diese drei Bereiche des menschlichen Seins opfert sich der gemischte König, die Lebenskraft und die Energie im Menschen. Dies geschieht aber auf ganz natürlichem Wege.

Im gesellschaftlichen Leben ist entsprechend zur Lebensenergie das Geldwesen zu erkennen. Erst wenn sich dieses in selbstloser Weise so gestalten lernt, dass es zum Wohle des Ganzen arbeitet, können die drei Könige beziehungsweise kann das Kultur-, das Rechts- und das Wirtschaftsleben mit genügend Energie (Geld) versorgt werden. Im Wirtschaftsleben durch das Kaufgeld, im Rechtsleben durch das Leihgeld und im Geistesleben durch ein Schenkgeld.

Im einzelnen Menschen kann dieses Prinzip so angewendet werden, dass die Lebensenergie im Geistigen zu Erkenntnissen und zu Weisheiten führt, im seelischen Miteinander zur Liebe und in den leiblichen Bedürfnissen zu einer Güte, zu einem Füreinander hin. Dann hat der gemischte König seine Aufgabe erfüllt, er hat sich zu den drei Königen hinverwandelt, die den Menschen erst zu dem machen wollen, der er in seinem Grunde, in seiner geistigen Anlage immer auch schon ist.

Der Mensch als König erkennt die drei inneren Könige, seinen Geist, seine Seele und seinen Leib als eigenständige Glieder seines Wesens an, die er durch sein Ich miteinander verbinden und ausgleichen kann. Dazu muss die Energie dorthin fließen, wo sie gebraucht wird. Einseitigkeiten machen auf Dauer gesehen krank. Zu viel Energie in einem Bereich, zum Beispiel im Leiblichen, werden Entzündungen erzeugen, im Seelischen entsteht Stress und im Geistigen ein Hochmut und eine Abkapselung von der Welt. Das Ich, das die Energien zu lenken beginnt, muss sich der Liebe hingeben lernen, denn die Liebe vermag es erst wirklich, alle Bereiche des Seins mit Energie zu füllen.

Wird die Liebe einmal in das gesellschaftliche Leben Einzug finden, dann wird auch das Geldwesen so gehandhabt werden können, dass alle Bereiche mit genügend Geld versorgt werden, so wie dies Goethe in seinem Märchen ausgesprochen hat:

„Die Liebe herrscht nicht, aber sie bildet, und das ist mehr".

Ein „Sonnenstaat" wird sich schließlich so ausgestalten müssen, dass die drei „Könige" seines Reiches, nämlich die Könige des Geistes-, des Rechts- und des Wirtschaftslebens, zunächst jeder unabhängig für sich und dann zusammen dem sozialen Organismus, dem Ganzen, dem göttlichen König dienen können.

„Wie oben so auch unten, wie innen so auch außen" und „alles Vergängliche ist nur ein Gleichnis". Geistige Prinzipien und Ideale wollen im Innen und Außen, sowie im Oben und Unten verwirklicht sein. Es genügt daher nicht, die Dreigliederung nur im Äußeren, im gesellschaftlichen Leben verwirklichen zu wollen. Ohne diese Könige in sich selbst zu entwickeln, wird auch das Äußere scheitern müssen. Das sollten wir bedenken, denn wenn wir nicht nach kosmisch-geistigen Urbildern arbeiten, auch in uns selbst, werden wir in jedem Fall die Früchte daraus ernten müssen. Wir selbst sind nämlich die Könige, die sich ihre Zukunft selbst kreieren dürfen; entweder nach geistigen Prinzipien oder nach allzu persönlicher Willkür. Wir haben die freie Wahl.

Die Dreigliederung des sozialen Organismus entspringt aus göttlich-geistigen Quellen. Darauf wollte ich hier im Grunde genommen hinweisen. Wie diese dann im praktisch-persönlichen und gesellschaftlichen Leben verwirklicht werden kann, also in den vielfältigen Detailfragen, wie zum Beispiel bei der Rente, der Krankenversicherung, der Verteidigung und der Verwaltung einer sozialen Gemeinschaft, kann hier nicht tiefergehend erörtert werden, denn dazu braucht es entsprechende Fach- und Sachkenntnisse. Doch wie wir an solche Fragen herangehen können, ist hoffentlich etwas ersichtlicher geworden, denn entscheidend ist ja die innere Haltung, mit der wir an die Aufgabenstellungen herangehen und welche Ideale wir dabei umsetzen wollen.

So dürfen wir mit jeder Aufgabe immer wieder neu lernen und auch daran reifen und wachsen. In diesem Sinne, packen wir die Probleme und Erfordernisse an, nach bestem Gewissen und mit den Idealen einer gesunden und geistreichen Welt, so werden wir die Früchte daraus irgendwann einmal auch ernten können.

Das Geldwesen und die vierte Gewalt

„Geld regiert die Welt". Und so ist es scheinbar normal, wenn die meisten Menschen damit beschäftigt sind, genügend Geld zu bekommen, damit sie ihre persönlichen Bedürfnisse befriedigen können. Andererseits haben die Reichen einen so großen Überschuss an Geld, dass daraus ein gewisses Machtmittel entstanden ist.

Mit Geld kann man kaufen, es verleihen oder verschenken. Wenn man aber ganze Unternehmen, Ländereien, Banken, Flughäfen und noch vieles mehr aufkaufen kann, entstehen bestimmte Machtverhältnisse, die zu Ungleichheiten und Ungerechtigkeiten hinführen müssen.

Das Geld sollte selbst keine Ware sein, das man kaufen und verkaufen und mit dem man spekulieren kann, was zum Beispiel die Devisenmärkte betrifft. Geld ist ursprünglich ein Tauschmittel und das ist auch vernünftig. Macht man Geld zu einem Wertmittel, das im Gegensatz zu einer erzeugten Ware seinen Wert nicht verliert, so hat das Geld einen größeren Wert als die erzeugten Waren. Dadurch ist das Streben nach immer noch mehr Geld so immens. Würde das Geld, entsprechend einem Wertezerfall für Produkte, an Wert verlieren, würde es wie die Ware altern, zum Beispiel durch eine geregelte Inflation, so würde es nicht gehortet, sondern schnell wieder in den Wirtschaftskreislauf gebracht werden, als Kaufgeld oder es könnte als Leihgeld verliehen oder gar verschenkt werden.

Beim heutigen Leihgeschäft gewinnt das Geld durch den Zinseszins auch hier eine Steigerung, die nicht durch eine erbrachte Leistung erreicht wird. Wer viel Geld hat, kann viel verleihen und durch den Zinseszins Reichtum generieren. Die Schulden der einen sind der Reichtum der anderen. Die Kluft zwischen Reichen und Armen wird ja zusehends immer größer. Das wird nur nicht so leicht wahrgenommen, weil die größten Schulden in den Staatshaushalten existieren. Doch letztlich sind dies die Schulden von

jedem einzelnen Bürger. Wenn diese dem Bürger direkt zugewiesen würden, hätten wir wahrscheinlich sehr schnell einen Auf-
stand in der Bevölkerung.

In der Wirtschaft, also durch die Produktion von Waren und durch
erbrachte Dienstleistungen sollen Gewinne gemacht werden, egal
ob beim Friseur oder in einem Konzern. Diese Gewinne sollen
den finanziellen Bedarf der Mitarbeiter decken, Investitionen und
Rücklagen ermöglichen, aber was nicht für die eigenen Belange
gebraucht wird, darf in das gesellschaftliche Leben abfließen. Vor
allem die Kultur, die Bildung, die Forschung und einige staatliche
Aufgaben benötigen Geld, das nicht immer selbst erwirtschaftet
werden kann. Dazu dient in einem gesunden Sinne das Schenkgeld. Steuern sind heutzutage quasi Zwangsschenkungen. Jedoch
sind sie zumeist noch so organisiert, dass sich viele davon drücken
wollen. Wenn mehr Transparenz im Geldwesen geschaffen wird
und man besser erkennen könnte, wohin die Steuern fließen, zum
Beispiel durch eine Art Kultur- und Bildungssteuer, durch eine
Verwaltungssteuer (Verteidigung, Polizei, Staatshaushalt) und
Ähnlichem könnte die Einsicht in notwendige Steuern wachsen.

Ein Bewusstsein für die drei Arten des Geldes, für das Schenk-,
Leih- und Kaufgeld hilft, dass dieses aus dem Drang des Haben-
wollens und dem Habenmüssen befreit werden kann. Denn heute
ist das Geld noch ziemlich triebgebunden und noch wenig mit
Bewusstsein erfüllt.

Das Kaufgeld unterliegt den wirtschaftlich-materiellen Bedürfnissen. Damit werden Waren gehandelt und irdische Werte geschaffen. Das Leihgeld sollte als zwischenmenschliche Geste verstanden werden. Man hilft und fördert den Mitmenschen, wenn
dieser damit etwas Sinnvolles und Nützliches anfangen kann. In
diesem Sinne sollten auch die Banken ihr „Handwerk" verstehen.
Nicht zum Eigennutz sind sie da, sondern zum Ermöglichen ge-
samtgesellschaftlicher Leistungen. Sie haben also eine gemein-
nützige Aufgabe. Sämtliche Gewinne der Banken müssten folglich
in das Gemeinwesen einfließen können. Keine Privatisierung von
Gewinnen darf im Bankenwesen geschehen. Das Bankenwesen

gehört im Sinne der Sozialen Dreigliederung demzufolge nicht nur in das Wirtschaftsleben hinein, wie die produzierenden Gewerbe und Dienstleister. Die Monetative soll aber auch nicht verstaatlicht sein, denn sie braucht den freien Unternehmergeist, so wie dieser im Wirtschaftsleben benötigt wird. Zwischen dem Rechts- und dem Wirtschaftsleben kann sich die Monetative ausbilden, entsprechend dem Ätherleib im Menschen, der zwischen dem physischen Leib und der Seele dafür sorgt, dass alle Glieder des menschlichen Leibes und des seelischen Innenlebens mit Lebens-Energie versorgt werden können.

Geld ist ja auch Energie! Es soll dahin fließen, wo ein Bedarf ist und es soll da genommen werden, wo ein Zuviel vorhanden ist. Ähnlich wie im physischen Leib, denn wenn sich da die Energie in einem Organ staut, fehlt sie woanders, eine Krankheit entsteht. Und so ist es auch im gesellschaftlichen Leben.

Eine Steuergerechtigkeit sollte dafür sorgen, dass Ungleichgewichte behoben werden. Die heutigen Steuergesetze dienen leider hauptsächlich den Reichen. Der soziale Organismus ist dadurch krank geworden. Soziale Unruhen werden die Folgen sein.

Politiker vertreten oftmals mehr die Interessen der Reichen, der Konzerne und Investoren und nicht wirklich die der Bürger, außer vor den Wahlen, da werden gerne so manche „Geschenke" versprochen. Der Bürger wird von den Herrschenden zumeist nur mehr als Arbeitskraft und als Konsument gesehen, hauptsache der Wirtschaftsmoloch wirft satte Gewinne ab. Dass der Mensch zuvorderst ein geistiges Wesen ist, das sich in einem humanistischen Sinne zu mehr Freiheit, Liebe, Mitgefühl, zu innerem Frieden und seelischer Geborgenheit hinentwickeln soll, wird kaum mehr gesehen und gefördert. Ganz im Gegenteil, es soll der Mensch nur noch funktionieren, für den Staat und vor allem für die Wirtschaft, zwar mit viel Unterhaltung, Zeitvertreib und Amusement, doch die tieferen Werte des Menschseins, die die eigentlichen Aufgaben einer blühenden Kultur sein sollten, werden allzuoft vernachlässigt.

Ähnlich wie das Geldwesen dem Gemeinwohl dienen soll, wäre

auch in den Bereichen zu verfahren, die unsere existentiellen Lebensgrundlagen ausmachen, wie die Landwirtschaft, die Energiegewinnung, die Rohstoffverteilung, die Wasserrechte, das Verkehrswesen und die Institutionen des Gesundheitswesens. Darauf sollte jeder Bürger einen Rechtsanspruch haben, doch sind auch hier freie Unternehmer-Initiativen gefragt. Also keine Verstaatlichung, aber auch keine Privatisierung. Die Gemeinnützigkeit bildet auch hier einen Zwischenbereich, der praktisch gesehen zukünftig aber noch ausgebaut und angepasst werden kann. In dieser Schrift können dafür nur gewisse Grundgedanken entworfen werden.

Geld für das Geistesleben soll von allen erbracht werden, denn von der Bildung und Kultur profitieren alle. Unsere geistigen Fähigkeiten sind unser wirkliches Kapital, denn daraus erwächst unser zukünftiger Wohlstand und zwar durch Innovationen, die ins Wirtschaftsleben, in neue Unternehmen und in die Wertschöpfung einfließen.

Unternehmen wurden und werden aber nicht nur von Unternehmern geschaffen, alle Mitarbeiter beteiligen sich daran. Unternehmen gehören schließlich zum Volksvermögen, sie sollten daher nicht verkauft oder vererbt werden können. Sie gehören in die „Hände", die damit produktiv arbeiten können und nicht irgendwelchen Aktionären, die zumeist doch nur eine hohe Rendite für sich herausschlagen wollen. Der Drang nach immer mehr Geld forciert den Egoismus und dieser zerstört das soziale Leben. Wird Geld zum Wohle des Ganzen eingesetzt, so fördert es die soziale Gemeinschaft.

Fließt viel Geld in das Kultur- und Geistesleben, in die Bildung und Forschung, in Kunst und Religion, so wird der soziale Organismus gesunden und gedeihen können. Doch dazu muss das Geistesleben frei sein von politischen und wirtschaftlichen Übergriffen. Eine Freiheit im Bildungsleben wird aber nur dann gewährleistet sein, wenn dieses finanziell so ausgestattet ist, dass es den eigenen Aufgaben nachkommen kann. Jeder Mensch könnte dafür eine Art Bildungs-Gutschein zugewiesen bekommen, durch den er seine Schule oder Universität frei auswählen kann. Zudem könnte ein sich selbst verwaltender Kulturrat die freien Geldmittel so verwalten, dass alle Bereiche des Kulturlebens nach ihrem Bedarf versorgt werden. Dies ist hier nur als eine kurze Anregung gedacht. Inzwischen gibt es dazu einige ausgearbeitete Modelle, die für eine praktische Anwendung hilfreich sein können.

Ein Bereich muss hier aber noch gesondert betrachtet werden und das sind die Medien, die sogenannte vierte Gewalt. Sie sind natürlich auch dem Bereich des Geisteslebens zuzurechnen, in dem die Freiheit walten soll. Leider wird aber auch hier durch eine Privatisierung oder Verstaatlichung der freie Journalismus korrumpiert. Wirtschaftliche, politische oder gar okkulte Interessen haben die Medien in ihrer Gewalt. Dadurch wird die Gesellschaft immer stärker manipuliert und viele Zeitgenossen merken dies nicht einmal. Im Geistesleben sollte das Wahre, Schöne und Gute zum obersten Ideal erkoren werden. Die heutigen Medien verfolgen mehrheitlich aber ganz andere Ziele.

Das Geistesleben und damit der freie und mündige Bürger, der in individueller Freiheit sein Leben nach den Gesetzen einer humanistischen Moral entwickeln will, ist angegriffen. Durch eine Normierung und Gleichmacherei im Schulwesen und durch eine finanzielle Abhängigkeit vom Staat kann sich die Kultur nicht selbst verwalten und entwickeln. Und die Medien, sie könnten ähnlich wie durch einen Bildungs-Gutschein für die Schulen und Universitäten, durch entsprechende Maßnahmen so gestaltet werden, dass auch hier größtmögliche Freiheit walten kann.

Die Sache wird kompliziert, da Medien-Unternehmen heute wie Wirtschafts-Unternehmen geführt werden. Gewiss haben Institutionen des Geisteslebens immer auch noch eine wirtschaftliche Seite. Durch einen Medien-Gutschein, mit dem der einzelne Bürger sein für ihn passendes Medium, ob Zeitung, TV, Internet und so weiter, selbst auswählen kann, wird dementsprechend der finanzielle Zulauf und damit auch die Inhalte geregelt. Heute zahlen wir alle Rundfunk-Gebühren, die Inhalte suchen aber andere aus. Durch Medien-Gutscheine könnte viel eher gewählt werden, welche Programme und Inhalte der Einzelne für sich beanspruchen will. Dadurch würde sich die Medienlandschaft den Interessen der Bürger anpassen und nicht die Bürger den Einflüsterungen aus den Medien.

Ein freier Medienrat könnte diese Anliegen selbst verwalten, bestehend aus Menschen aus den unterschiedlichsten Schichten der Gesellschaft. So wie es Verbraucherverbände im Bereich des Wirtschaftlichen gibt, die die Interessen der Verbraucher vertreten, so könnten Medienräte dafür sorgen, dass die Anliegen der „Konsumenten" stärker berücksichtigt werden. Zudem sollten die Bürger eine verstärkte Möglichkeit erhalten, sich selber in der Medienlandschaft präsentieren zu können, so wie dies inzwischen im Internet möglich geworden ist.

Insgesamt betrachtet sehen wir also, dass noch sehr viel Arbeit und vor allem noch ein großer Bewusstseins-Wandel nötig ist, bis wir lernen, einen sozialen Organismus so zu gestalten, dass dieser zur Gesundheit des Ganzen und damit auch der Menschen beitragen kann.

Gerade auch das Gesundheitswesen selbst kann im Sinne der Dreigliederung aus den heutigen ökonomischen Verstrickungen herausgelöst werden, in dem zuerst die geistige Seite, die Therapie-Freiheit des mündigen Patienten und die freie Ausbildung und Auswahl in einem Studium oder in einer Therapie-Einrichtung gewährleistet wird. Vielfalt und nicht Einseitigkeit ist hier die Lösung. Eine freie Therapie-Wahl sollte hier der Standard sein und nicht eine Favorisierung oder Ausgrenzung. Diese gab es zu Zeiten der Inquisition, doch manchmal kehren alte Zeiten in neuen Formen wieder. Früher dirigierte die Kirche, heute der materialistische Geist, der das freie Geistesleben beherrschen möchte.

Doch der lebendige Geist kann gar nicht abgeschafft werden, auch wenn an vielen Stellen versucht wird, ein Weltbild zu proklamieren, das den Menschen zu einer Art lebendigen Maschine erklärt, den Weltraum auf physiskalische und chemische Prozesse reduziert und dadurch keinen echten Sinn finden kann, den der

Mensch als ein geistig Strebender eigentlich erfüllen soll.

Ein großer Geisteskampf ist entbrannt, der alle Bereiche des gesellschaftlichen Lebens erfasst hat, die Kultur, die Politik, die Medien, das Geldwesen, die Wirtschaft, sowie die persönliche Lebenshaltung und Einstellung jedes Einzelnen. Gesellen wir uns im Geiste hin zu einer chemischen und technischen Optimierung, in der Landwirtschaft wie auch in der Medizin oder zu einer biologischen und immunologischen Erkräftigung durch einen natürlichen und gesunden Lebensstil, der die Erde und den Kosmos als lebendig und beseelt erfährt, zwei Welten treffen hier aufeinander, die zunächst unvereinbar erscheinen können. Doch auch hier sollte eine Synthese gefunden werden, denn der Materialismus hat ja auch einen berechtigten Platz in der Welt der Physik, Chemie und Technik. Doch er ist nicht alles. Die Bereiche des Lebendigen, des Seelischen und des Geistigen können auf materialistischem Wege nicht wirklich erklärt und verstanden werden. Dazu braucht es eine Wissenschaft des Lebendigen, des Seelischen und des Geistigen, so wie dies die Geisteswissenschaft in der Form der anthroposophischen Bewegung versucht hat zu begründen. Dazu muss der naturwissenschaftlich arbeitende und denkende Zeitgenosse bereit sein, unvoreingenommen und mit forschendem Geiste in Welten einzudringen, die den irdischen Sinnen unzugänglich sind. Denn dazu brauchen wir höhere Sinne, die auf einem Schulungsweg entwickelt werden können. Die menschliche Seele wird reicher und erst wirklich ganz, wenn sie verschiedene Standpunkte und Sichtweisen einnehmen kann, so wie ich diese in dem Buch: Die Soziale Dreigliederung, etwas näher beschrieben habe.

Vieles wäre hier noch zu sagen, wenn man mehr in die Tiefe und ins Detail gehen wollte. Mit den hier erwähnten Grundelementen können wir zumindest anfänglich ein neues Bild einer Gesellschaft imaginieren, das sich am „großen" Menschen, in einem ganzheitlichen Sinne gemeint, ausrichten will, denn der soziale Organismus kann ja selbst wie ein umfassendes großes Wesen erscheinen, das eben in einem gesunden oder in einem kranken Zustand erstehen und erfahren werden kann.

Zusammenschau und Ausblick

Der soziale Organismus ist in unserer Zeit erkrankt. Das hat die Corona-Krise ganz offensichtlich aufgezeigt.

Die Regierungen versuchen durch immense Schuldenberge ein System zu retten, das eigentlich nicht zu retten ist. Der Kapitalismus, wie auch ein staatlich verordneter Sozialismus, ist zu einseitig, denn darin offenbaren sich Polaritäten, die nur durch ein drittes Prinzip ausgeglichen werden können. Dies vermag die Soziale Dreigliederung, so wie sie für unsere Zeit angelegt ist.

Im deutschen Idealismus sind durch Goethe, Schiller und Hegel dafür die geistigen Grundlagen gelegt worden. Rudolf Steiner hat am Beginn des 20. Jahrhunderts diese Dreigliederung für das gesundheitliche und gesellschaftliche Leben ausgearbeitet. 100 Jahre später, also in unseren Tagen, soll die Dreigliederung allmählich immer stärker in das Bewusstsein vieler Menschen eingeführt werden. Dazu mahnen auch die kosmologischen Signaturen, die wir an den Planeten-Konstellationen ablesen können.

Die sogenannte Wassermannzeit, an deren Beginn wir stehen, brachte hierfür die ersten Impulse hervor, nämlich mit den Idealen aus der französischen Revolution. Durch Rudolf Steiners Erkenntnisse fanden diese Ideale aber erst ihre zugehörigen Orte, an denen sie sozialgestaltend wirken können.

Die Brüderlichkeit und damit ein „Füreinander" soll Einzug halten in und bei den materiellen Bedürfnissen, im Leiblichen und dann auch in der Wirtschaft.

Die Gleichheit soll gelten in einem seelischen „Miteinander", wo jeder gleiche Rechte haben soll und dies vor allem auch im Staats- und Rechtsleben, wie auch in Partnerschaften und menschlichen Beziehungen.

Die Freiheit im Geistigen wird möglich in einem achtsamen „Nebeneinander", wodurch jeder Einzelne seine Fähigkeiten frei entwickeln und diese in eine zu gesundende Kultur einbringen und verschenken kann.

Noch leben wir aber im Übergang und damit in einer Schwellenzeit, wo das Unvollkommene, das „Alte" und damit viele Ängste und Schmerzen hochkommen müssen. Jedoch, eine neue Zeit will geboren werden. Das, was weltweit durch die Corona-Pandemie an Krankem und Falschem zutage tritt, muss überwunden werden. Zu viel Unbrauchbares und Vereinnahmendes hat sich angesammelt, was an dieser Schwelle zurückgelassen werden muss, was das private wie auch das gesellschaftliche Leben betrifft.

Ein apokalyptisches Ausmaß wird immer sichtbarer, auch im Zusammenhang mit der natürlichen Erde und ihren Kränkungen. Die apokalyptischen Tiere aus dem Wasser und aus der Erde, die daraus aufsteigen, sie prüfen die Menschheit an dieser Schwelle.

Unsere Begierden, Leidenschaften und verkrusteten Denkweisen führen immer mehr in einen Abgrund hinein, wenn wir nicht umsteuern. Wie müssen die Zukunft daher ganz neu denken lernen. Das alte, abstrakte und mechanische Denken, das sich an der toten Materie ausgerichtet und entwickelt hat, sowie die vielfältigsten egoistischen Begierden können die heutigen Probleme nicht mehr lösen.

Hinter der Schwelle steht und wartet der fortschreitende Zeitgeist, in der Geistesgeschichte bekannt als der Erzengel Michael, der uns seine Impulse zusenden will, wenn wir die verführenden und vereinnahmenden Machenschaften der krankmachenden „Tiere" aus dem Abgrund erkennen und wandeln lernen.

Der Mensch muss in sich eine Mitte finden, wo er geschützt ist vor den niederen Anfechtungen und ängstlichen Klammerungen. Sämtliches Denken in festgefahrenen Strukturen und Systemen führt weg von dieser eigentlichen Mitte, vom inneren Ich. Dieses findet sich erst wirklich selbst in geistigen Zielen und Idealen. Ein angepasstes und passives Leben reicht dafür aber nicht aus. Ein neuer Gestaltungswille muss erstehen können, der nach geistigen Idealen, wie eben denen aus der französischen Revolution, zunächst die Zukunft neu zu denken beginnt. Eine Neu-Geburt des gesellschaftlichen Lebens kann dadurch allmählich vonstatten gehen.

Geistige Inhalte und Ideen müssen zuerst gedacht und imaginiert, also vorgestellt werden, um im Inneren mit den Herzenskräften in lebendige Ideale verwandelt werden zu können. Dann erst können sie auch entsprechende Formen im äußeren Geschehen finden, vor allem, wenn die Herzenskräfte und das innere Feuer der Begeisterung den Willen zu einer Tat befruchten wollen.

Dabei sollen aber keine neuen Systeme geschaffen und umgesetzt werden, die man den Menschen überstülpt, da es vor allem um einen sozialen Prozess geht, dessen Ziel letztlich das Verhältnis beziehungsweise die Beziehung von Mensch und geistiger Welt, also des Einzelnen mit dem übergeordneten Ganzen beschreibt.

Heute verliert sich der Einzelne zunehmend in den materialistischen Verstrickungen und landet dadurch vermehrt in einer Vereinzelung und Vereinsamung. Gesellschaftlich gesehen sollen Institutionen und Systeme so aufgestellt werden, dass sie für den Einzelnen und für das Wohl des Ganzen sorgen, folglich dazwischen vermitteln und ausgleichen können. Doch manche Regierungen und staatliche Institutionen stellen sich oftmals an die oberste Stelle, also zwischen die inneren Beziehungsmöglichkeiten der Menschen zu den geistigen Wirklichkeiten und damit zu den kosmologischen Herausforderungen, denen die Menschheit als Ganzes unterworfen ist. Jedoch, ein geistiger Materialismus verneint eine höhere Ordnung und meint, der Mensch könnte auf der Erde tun und lassen was er will. Doch wir ernten immer nur die Früchte, die wir selber ausgesät haben. Das ist ein geistiges Gesetz und das gilt auch für den Materialisten, der alles Höhere verneint. Denn letztlich zählt auch für den sich selbst bestimmen wollenden Menschen der höhere, der Gotteswille, dem sich die menschliche Hybris irgendwann einmal beugen muss.

Erkennen wir die Zeichen der Zeit oder lassen wir uns immer noch von vermeintlichen Sicherheiten verführen und bleiben dem „alten" Leben aus Konsum, Ängsten und Sicherheiten, also in einer materialistischen Denkweise verhaftet, dies wird über das Schicksal jedes Einzelnen mitentscheidend sein.

Welche Inhalte schenken wir unserem Leben? In welcher Zukunft wollen wir leben? Sind wir nur Opfer des Schicksals und der Launen der Natur oder können wir unsere Zukunft mitgestalten?

Es ist ja eine hohe Kunst, wenn die guten Ideale und Inhalte das eigentliche Zentrum unseres Lebens ausmachen und diese dann eine entsprechende Form im Äußeren finden können. Die Kunst vermag es nämlich, Inhalte mit entsprechenden Formen so zu umkleiden, damit etwas Schönes daraus entspringen kann.

Somit dürfen die Ideale der französischen Revolution oder die göttlich-menschlichen Tugenden des Wahren, Schönen und Guten immer bessere und schönere Formen finden. Und dies in der Wissenschaft, in der Kunst und im Religiösen ganz elementar, aber auch das Staatsleben und selbst die Wirtschaft soll nach humanistischen Werten so umgestaltet werden, damit die versuchenden und vereinnahmenden „Tiere aus dem Angrund" immer weniger Zugriffsflächen finden – im Menschen und dann auch in der Gesellschaft.

Krisenzeiten wollen das Gute beschleunigen, ansonsten würden wir, wenn wir so weitermachen wie bisher, die Welt recht schnell zugrunde richten. Die Frage stellt sich nur, wieviele Krisen und Katastrophen wir noch benötigen, bis wir merken, dass es höchste Zeit für eine Umkehr ist. Da genügt es auch nicht mehr, sich nur auf bestimmte Maßnahmen, wie den Kohlendioxod-Ausstoß zu fixieren. Unser Umgang mit dem Natürlichen, mit Mutter Erde, unsere Einstellung und Liebe zu ihr wird mitentscheidend sein. Die Erde ist ein Lebewesen mit einer Seele und einem Geist und dies soll entsprechend erkannt und gewürdigt werden, dann wird sie uns auch vergeben und verzeihen können. Dazu ist aber eine starke innere Wandlung der Menschen nötig. Vom Ausbeuter zum Pfleger und Heiler müssen wir uns wandeln, wenn wir die Erde und dann auch uns selbst nicht zugrunde richten wollen.

Eine alte Zeit ist am sterben, eine neue Zeit will geboren werden. Sind wir bereit für ein Sterben, ein inneres Loslassen von alten Denkweisen und niederen Begehrenszielen oder müssen äußere Todeskräfte uns dazu zwingen. Noch meinen viele Zeitgenossen, durch gewisse technische Errungenschaften die Probleme der Zeit, zum Beispiel das Artensterben, die Epedemien, den Klimawandel und so weiter, in Schach halten zu können. Doch Todeskräfte können nur durch neue, lebendige und liebevolle Kräfte überwunden werden, die zuerst im Denken, in unserem Erkennen erzeugt werden müssen, um damit ein tiefes und reichhaltiges Fühlen impulsieren zu können, das wiederum den Willen zu einem gesunden Handeln und Tun impulsieren kann.

Sind wir bereit, hier neue Wege einzuschlagen, wird uns auch immer eine Hilfe zuteil werden können. Der gute Zeitgeist, Michael mit dem Sonnenschwert und der Waage in den Händen, er steht an oder besser gesagt, hinter der Schwelle und wartet auf die Impulse, die wir ihm entgegenbringen. Er sammelt diese, auch wenn sie noch so klein erscheinen mögen und bringt sie zu gegebener Zeit an die Orte, wo Menschen aufnahmebereit sind und zu gutem Wirken tätig werden wollen.

Jeder Beitrag ist für diese Erneuerung wichtig. Jeder Einzelne kann im persönlichen Raum, in der Familie, in der Arbeitswelt, wie auch im politischen und gesellschaftlichen Leben seinen Teil zum Wohle des Ganzen beitragen. Dafür stehen wir in der Verantwortung, für uns selbst, für die Mitmenschen und für die Erde.

In diesem Sinne wünsche ich ein wahrhaftiges Erkennen, ein gesundes Fühlen und ein aufrichtig gutes Tun, damit die Aufgaben und Probleme der Zeit, die uns zu einem innerseelischen Wachsen herausfordern und dann allmählich auch zu einem gesellschaftlichen Wandel und Gesunden beitragen können.

Noch ist es nicht zu spät. Doch die grauen und düsteren Wolken ziehen immer näher heran. Wenn wir nicht freiwillig aufwachen, werden wir zwangsweise geweckt. Und das nicht mit leisen Stimmen, viel eher wird ein mächtiger Donner dafür sorgen, dass wir aus unserem dämmrigen Bewusstsein, das sich im Genuss und in der Bequemlichkeit erschöpft hat, mit Schrecken erwachen müssen. Wer die Gefahr schon von Weitem erkennt, der kann sich noch leichter darauf einstellen und Maßnahmen ergreifen, die Schlimmeres verhindern helfen. Das Ungute erkennen und diesem standhalten und sich für das Gute entscheiden, das bringt voran!

Spirituelle Grundlagen für eine Erneuerung der Kultur

In unserer Zeit wird ja vieles zu einem Kult erhoben, in der Musik, im Sport, im Film. Ein Kult-Status soll ja etwas Besonderes, etwas außergewöhnlich „Gutes und Großes" markieren, mit dem man meistens auch noch viel Anerkennung und Geld verdienen kann. Der Begriff Kult leitet sich vom Wort Kultur ab und mit diesem ist der Begriff Kultus verwandt. Diese Wörter und Begriffe haben also eine gemeinsame Abstammung, obwohl das heute gebrauchte Wort Kult mit dem Ursprünglichen nicht mehr viel Gemeinsames hat.

Jedoch, jede hohe Kulturzeit hatte auch ihre entsprechenden kultischen Verrichtungen und so soll dieses Kapitel vor allem dem Begriff des Kultus gewidmet sein.

Kultur bedeutet, ganz allgemein gesprochen, die Pflege von etwas, zum Beispiel einer Landschaft, einer Pflanzenkultur, einer Sprachkultur und natürlich die vielen Künste, das Essen, die Sitten und die völkischen Gebräuche und Traditionen, aber auch die Religionen, die Wissenschaften, wie überhaupt unsere kulturellen Errungenschaften aus der Geistesgeschichte, wie die Philosophie und die humanistische Bildung und noch einiges mehr.

Der Begriff Kult ist eine Kurzform von Kultus, wird aber heutzutage vermehrt für irdische Dinge und Begebenheiten eingesetzt. Ein Kultus wiederum ist eine geordnete und ritualisierte Form einer gemeinschaftlichen Gottesverehrung. Im religiösen Kultus sucht der Mensch eine Verbindung mit dem Göttlichen herzustellen. Im Kult wird dagegen zumeist eine persönliche Leistung emporgehoben und angehimmelt.

Oftmals ist jedoch die tiefere Bedeutung kultischer Handlungen verloren gegangen. Doch gerade die heutige Zeit braucht sehr dringend ein stärkeres spirituell-religiöses Kraftfeld, um den dunklen, niederziehenden und spaltenden Tendenzen der derzeitigen Widersachermächte etwas entgegensetzen zu können.

Im Mittelalter war Europa noch etwas besser geschützt vor den Osmanen-, Hunnen- und Sarazenen-Angriffen, vor allem durch die vielen betenden Mönche in den Klöstern, die durch ihre kultischen Zeremonien und Rituale, durch Gebete und Meditationen, durch Stille und Entsagungen ein schützendes geistiges Feld aufbauen konnten.

In unseren Tagen sieht das leider anders aus. Angriffe seitens einer materialistischen Geld- und Wirtschaftsweise, der Vermischung mit vielen fremden Kulturen, einem zunehmenden Agnostizisus und dem vielfältigen Abstumpfen zahlreicher Menschen im Konsum und „Rausch" schwächen das heutige kulturelle Leben. Ein Zerfall und eine kulturelle Degeneration geschieht.

Daher ist es dringend notwendig, dass die spirituell tätigen Menschen noch viel intensiver ein geistiges Leben pflegen. Und so ist es auch sinnvoll, sich wieder ein Verständnis für kultische Handlungen und für geistige Strömungen zu erwerben, die für die heutige Zeit und Gesellschaft brauchbar sind.

In meinem Buch: Auf dem Weg zum Gral, sind vier geistesgeschichtliche Strömungen erwähnt, die dem geistigen Leben Europas zugrundeliegen. Im Folgenden will ich diese hier nur kurz erwähnen und zwar mit einer Zuordnung zu den Raumesrichtungen und zu den Wesensgliedern des Menschen.

Vom Osten her, aus dem alten Indien und Persien nimmt der Weg der Gnosis, dem Erkennen von Gutem und Bösem seinen Lauf. Im Mithras-Kult wird der Kampf mit den Dunkelmächten nachgeahmt. Das Bild des stieropfernden Gottes wird zum Vermittler zwischen Mensch und Gott. Dieser Kultus geht dann weiter in das Römertum über und wird schließlich in der katholischen Kirche in verwandelter Form als Messe zelebriert. Dies ist der sogenannte sakramentale Kultus mit den Stufen der Offenbarung (Verkündigung), der Opferung, der Wandlung und der Kommunion. Dabei geht es vor allem um eine Wandlung des Seelischen im Wein und Blut, aber auch des Leiblichen im Brot beziehungsweise im Leib, den Christus neu erschaffen hat.

Mehr vom Süden, aus dem alten Ägypten erstand und entwickelte sich eine magische Strömung, die vor allem das Leibliche umfassen will, wie dies zum Beispiel im Mumienkult sichtbar wurde. Der Misraim-Dienst als kultische Handlung wurde später von den Freimaurern übernommen mit den vielfältigen Symbolen, Riten und Graden für eine geistige Erweckung.

Die West-Strömung der Kelten und die Hybernia-Mysterien hatten vor allem die Beherrschung des Lebendigen im Irdischen, also auch des Lebensleibes zur Aufgabe. Daraus erstand eine mystische Hingabe an die Kräfte der Natur in den wechselnden Zeiten, so wie sich diese im Jahreslauf offenbaren. Ein kosmischer Kultus entstand, der auch im christlichen Jahreslauf nachvollzogen werden kann.

Bleibt noch der Norden. Da sind es die Germanen und Drotten, die eine Geistigkeit schufen, die das menschliche Ich forcierten. Nicht der Weiseste, sondern der Mutigste und Tapferste war Häuptling bei den Germanen. Aus dieser Strömung sollte sich in Europa ein Zusammenklang aller Strömungen heranbilden, also von Mystik, Gnosis und Magie in eine hermetische Philosophie und Geisteswissenschaft, die verbinden und vom Ich aus gestalten kann.

Wie sieht da aber ein Kultus aus, der dann die Gemeinschaft, das große Ganze und zudem die Verschiedenheit der einzelnen Individuen respektiert und achtet?

Rudolf Steiner regte dafür einen sogenannten umgekehrten Kultus an, der ichhaft aufgenommen, der aber auch in der Gemeinschaft praktiziert werden kann. Überhaupt ist die Anthroposophie durch Rudolf Steiner ein Versuch gewesen, die vier Mysterien-Strömungen in Europa miteinander zu verbinden, so dass Europa zum Mittelpunkt für eine neue Mysterienströmung auserkoren wurde, die in einem christlichen Geist Mensch und Erde weiterbringen will. Wie weit dies gelungen ist, möge jeder selbst empfinden.

Doch ein Impuls ist gesetzt. Und gerade mit diesem umgekehrten Kultus könnte in unserer Zeit ein enormes Kraftfeld aufgebaut werden, wenn sich viele Menschen und spirituell arbeitende Gruppen dafür öffnen könnten.

Der umgekehrte Kultus beginnt, wie der Name schon sagt, bei der Kommunion und geht über die Wandlung und Opferung bis zu einer geistigen Offenbarung hin. Schließlich sollen sich darin geistige Wesenheiten offenbaren können. Diese sollen in die offenen und bereiten Menschenseelen beziehungsweise in die spirituell zusammenarbeitenden Menschengruppen, die sich mit ihrem persönlichen Geist bis zu einem geistig Wesenhaften aufschwingen, einwirken können.

Der sakramentale Kultus braucht noch die Vermittlung eines Priesters, der geistige Wesen im Kultus „herab-bittet". Der umgekehrte Kultus braucht den Einzelnen, der ichhaft, das heißt mit freiem Willen innere Stufen betritt, bis er Wesenhaftes, bis er geistige Wesen und Kräfte in und um sich erfahren kann. Den umgekehrten Kultus kann also jeder vollziehen, aus sich selbst heraus, ohne Priester und Vorgaben von „Außen" - und er kann in Gemeinschaften praktiziert oder besser, geübt werden. Er ist individuell zu gestalten, je nach Anforderung, Interesse und den Belangen, die für das jeweilige Entwicklungs-Niveau der Beteiligten sinnvoll sind.

Wie dieser umgekehrte Kultus nun im Einzelnen praktiziert werden kann, damit die Stufen der Kommunion, der Wandlung, der Opferung, bis hin zur Offenbarung von Wesenhaftem getätigt wird, ist relativ freilassend, doch hat uns Rudolf Steiner dafür einige Hinweise mitgegeben, die einen Weg aufzeigen können, wie wir darin weiterkommen.

Ich erwähne hier nur den Satz: „Das Gewahrwerden der Idee in der Wirklichkeit ist die wahre Kommunion des Menschen".

Damit können wir beginnen. Darüber darf gerne meditiert und nachgedacht werden. Eine weitergehende Betrachtung findet sich in meinem Buch mit dem Titel: „Auf dass wir Menschen werden". Oder man macht sich die Mühe, weitere markante Sätze Steiners zu suchen, die die nächsten Stufen beschreiben. Wer sucht, der wird finden – ichhaft und in freiem Tun.

Der Weg des umgekehrten Kultus beginnt demzufolge in der Welt der irdischen Wahrnehmungen und Begriffe und versucht darin immer mehr ein Wesenhaftes zu erfahren und zu erfassen. Und dies zum Beispiel auch mit den Begriffen der sozialen Dreigliederung. Ein sozialer Organismus muss dadurch nicht etwas Abstraktes bleiben.

Wenn wir vom Kultus zu einer neuen Kulturaufgabe kommen wollen, muss damit eine Begriffs-Erweiterung verbunden sein. Die Kultur im herkömmlichen Sinne verstanden, also aus den Traditionen der Kunst, der Religion und Philosophie, sowie aus Bildung und Wissenschaft, vermag durch eine Begriffsklärung zu den immanenten Ideen vorzudringen und darin können allmählich bestimmte geistige Kräfte und Wesen wahrgenommen werden.

Was ist die Idee der Kunst, der Religion, der Wissenschaft und Philosophie, wie überhaupt der Kultur im Gesamten? Ist die Kultur nur zur Freizeitgestaltung gedacht oder hat sie ganz wesentlich zum Menschsein beizutragen?

Im umgekehrten Kultus kann nun ein Weg beschritten werden, der die Ideen in diesen kulturellen Errungenschaften und Erfordernissen finden will, um daran bestimmte Ideale und Herzensanliegen entzünden zu können, die wiederum geistige Wesen anziehen, damit unsere Kultur nicht hohl und geistentleert oder mit niederziehenden Geistern besetzt werden kann. Durch kultische Handlungen, Rituale und den Erkenntnissen daraus, können neue Impulse für eine menschlichere Kultur erwachsen, die wir heute dringender denn je gebrauchen können. Denn die „alten" kulturellen Errungenschaften neigen sich allmählich einem Ende entgegen; sie haben uns lange Zeit eine fortschrittliche Kultur beschert. Doch was so alles an neuen Spielarten in der Kunst, wie auch in der Wissenschaft oder auch im Spirituellen zu finden sind, ist oftmals nicht von echter und wahrhaftiger geistiger Tiefe geprägt. Eher sind da die persönlichen oder politischen Zeitphänomene gespiegelt, nicht aber die Welten eines geistigen Seins, also die Welt der Urbilder und Archetypen, die unserem Menschsein eigentlich zugrundeliegen.

Dahin müssen wir wieder hinfinden lernen, in freier Entscheidung und individueller Erkenntnisfähigkeit. Dazu brauchen wir auch nicht mehr zu warten bis die großen „Heroen" und Eingeweihten eine neue Kultur impulsieren werden, denn jeder Einzelne kann heute zum Träger des Kulturellen werden, ganz im Sinne von Josph Beuys: Jeder Mensch ein Künstler!

Eine Kunst ist es ja, Gegensätze miteinder verbinden zu können: die Erde mit dem Himmel, die Materie mit dem Geist, das Gute mit dem Bösen. Jeder Einzelne ist dazu aufgerufen, in der Wissenschaft, im Sozialen, in der Wirtschaft, eben da wo er steht und tätig ist, sich für das Ganze, für eine menschlichere Kultur einzusetzen, die den himmlischen Geist mit einbeziehen will.

Wird der Himmel vergessen, breitet sich vermehrt die Hölle aus. Welchen Weg wir zum Himmel auswählen und beschreiten wollen, liegt in unserem freiheitlichen Ermessen. Ein Kultus kann dafür eine enorme Hilfe sein, denn er bietet quasi ein Gerüst, mit dem wir aufwärts streben können, aber nicht so, dass wir dem Irdischen entfliehen, sondern so, dass wir mit geistigen Impulsen das Irdische besser verstehen und gestalten lernen, ganz im Sinne eines eigenverantwortlichen Humanismus, der das Menschliche mit dem Göttlichen einen will.

Ob wir nun östliche Wege des Yoga und der Meditation, christliche Wege des Gebetes und der Jahresfeste oder schamanische Wege der indigenen Kulturen auswählen und uns daraus inspirieren und befruchten lassen, ist nicht so entscheidend. Denn es kommt in erster Linie darauf an, dass wir mit ganzem Herzen das suchen, wohin uns die verschiedenen spirituellen Wege hinführen wollen. Religionen und spirituelle Gemeinschaften sind ja nicht für sich selbst, also zum Selbstzweck da. Sie sollen Wegweiser sein und Hilfen anbieten, damit der Einzelne seinen eigenen Weg finden kann – hin zum Kern seines Wesens, das schließlich dem Himmel entstammt und göttlicher Natur ist. Alle geistigen Lehrer wollen und sollen dazu im rechten Sinne beitragen. Wenn sie sich selbst zum Heil erklären und an die Stelle des Göttlichen treten wollen, so wie dies die katholische Kirche lange Zeit versuchte, ist das für die spirituelle Entwicklung des Einzelnen sogar hinderlich.

Die Freiheit im Geistesleben, in der Wissenschaft, in der Kunst, wie in der Religion, ist oberstes Gebot, auch für die Politik und die Wirtschaft, die diese Freiheit anerkennen müssen. Ansonsten gerät das Ganze in eine Schieflage. Wird die Freiheit in die Wirtschaft transportiert, als Konsumfreiheit und der Freiheit des Marktes et cetera, so entstehen eben solche Auswüchse, wie wir sie heute kennen, dass eben wenige Menschen den übrigen „Rest" vereinnahmen und ausbeuten wollen.

Eine fruchtbare Kultur kann nur im Geist der Freiheit gelingen. Dazu können kultische Handlungen beitragen, die in unserer Zeit am besten individuell ergriffen werden sollen, denn die alten kultischen Rituale und Formen dürfen auch immer wieder den heutigen Möglichkeiten angepasst werden. Das heißt mit anderen Worten, wir dürfen in unseren geistigen und kulturellen Bestrebungen auch neue Formen suchen und entwickeln, die uns mit den geistigen Welten zusammenbringen können.

Gemeinschaften, die aus freien Individuen bestehen, haben dafür die besten Voraussetzungen. Kein einzelner Führer ist dafür mehr notwendig, denn jedes Mitglied einer spirituellen Gemeinschaft kann Inspirationen aus der geistigen Welt empfangen, die für das Ganze sinnvoll sind. Neue Gemeinschaften sollen im Zwischenmenschlichen vom Geist der Gleichheit getragen sein. In geistigen Zusammenkünften ist aber derjenige der Führende, der die besten Ideen hat und im Wirtschaftlichen, also in den Lebensbedürfnissen, darf sich ein geschwisterliches und solidarisches Füreinander ausbilden. Dies sind schließlich die geistigen und ideellen Grundlagen zum Erstehen einer neuen Kultur. Und dies im Kleinen, in Familien und Freundschaften, wie auch in Unternehmen und Institutionen und dann im gesamten gesellschaftlichen Leben. Überall dürfen diese geistigen Prinzipien gesehen und angewendet werden, damit unser Menschsein zur Gesundung und zum Heil für die ganze Erde, für die Kreaturen der Natur und für die Wesen im weiten kosmischen All beitragen kann. Denn der Mensch ist nicht nur für sich selbst da, er nährt und befruchtet mit seinem geistigen Ringen vor allem auch die jenseitigen Welten der Verstorbenen.

Ein Nachwort

Jeder Mensch hat die Möglichkeit, sich in seinem Geiste ein Bild von der Zukunft zu imaginieren. Jedoch, allzuviele Zeitgenossen lassen sich von den Bildern, die in den Medien verbreitet werden, beeinflussen. Insgesamt entsteht dadurch eine recht depressive und negative Stimmung oder man versucht, nur das Beste für sich rauszuholen, in dem viele Probleme und Aufgabenstellungen ausgeblendet werden. Aber dadurch erschafft man keine positive Zukunft.

Unsere Gedanken und Gefühle sind Realitäten. Das, was wir heute denken, fühlen und wollen, wird das Morgen mitbestimmen. Und so sollten wir die größte Aufmerksamkeit auf unser seelisches Innenleben richten, damit dieses nicht von Negativitäten, Unsicherheiten, Ängsten und Zweifeln überrumpelt wird. Dagegen sollten wir ganz bewusst an das Gesunde, Positive und Schöne im Menschen und in der Welt glauben, denn dieses ist eben auch immer noch vorhanden, nur sehen wir es oftmals nicht, weil wir den Blick allzugerne auf das Kranke und Falsche, vor allem bei den anderen ausrichten.

Die Soziale Dreigliederung ist ein positiver Ansatz, der dem sozialen Leben gesundende Impulse zuführen will und auch kann. Deshalb sollten wir deren Inhalte immer wieder im Geiste bewegen und dann auch ins Lebenspraktische einführen. Das fängt in Partnerschaften an, kann in Institutionen zu neuen Gestaltungen beitragen und im gesellschaftlichen Leben der Staaten und Völkerbünde zu heilsamen Veränderungen hinführen.

Joseph Beuys griff die Gedanken der Dreigliederung auf und versuchte als Künstler diese so anzuwenden, dass er daraus eine Soziale Plastik kreieren konnte. Aus dem Chaos, aus dem Ungeformten soll eine Form entstehen, die den unklaren Inhalt, die unerlöste Substanz zu einer klaren Form und Idee verhilft. Dies geschieht durch eine Bewegung und Begegnung dieser Gegensätze. Immer wieder müssen die zwei Pole aus Chaos (Inhalt,

Substanz) und Kosmos (Ordnung, Form) miteinander zusammengebracht werden, bis daraus etwas Gemeinsames hervorgehen kann. Ähnlich wie der Bildhauer einen Patzen Ton solange modelliert, bis darin eine Idee, ein Bild, ein gestaltetes Werk sichtbar wird. Nicht nur eine Idee ist daher dem Material, dem Chaos überzustülpen, denn der Ton oder Lehm hat selbst eine „Idee", etwas Eigenes in sich, zwar nicht bewusst, doch gerade dieses Eigene, dieses Unbewusste soll in der Begegnung, in der Kommunikation mit dem wachen und einfühlenden Geist allmählich ins Bewusstsein und dann entsprechend in eine Form gebracht werden. Dies entspricht einem künstlerischen Prozess. Im Gegensatz dazu beginnt das Kunsthandwerk bei einer konkreten Idee und versucht dieser eine entsprechende Form zu verleihen. Der künstlerische Prozess entsteht aber erst in der Begegnung und Auseinandersetzung von Stoff, von Substanz, von Inhalt, also dem Material, das auch seelischer Natur sein kann, mit dem Formprinzip, mit dem Ideellen, mit dem geistigen Inhalt, der dann im Kunstwerk zur Erscheinung kommen soll.

Und so dürfen wir auch das chaotische Potential, das in der Gesellschaft lebt, zuerst einmal annehmen und wahrnehmen lernen, auch das Kranke und Verkehrte. Keine fertige Idee darf dabei dem natürlichen Leben aufgezwängt werden. Sämtliche ausgedachte Systeme, sei es der Kommunismus, der Kapitalismus, der Neoliberalismus, die Theokratie oder Autokratie sind längerfristig gesehen zum Scheitern verurteilt, wenn sie nicht mit dem inneren Sein der menschlichen Entwicklung übereinstimmen.

Der Künstler nimmt wahr was ist, das ist sein Ausgangsmaterial. Und er modelliert es so lange, bis darin eine Idee erscheint.

„Das Wahrnehmen der Idee in der Wirklichkeit, ist die wahre Kommunion des Menschen", so drückte diesen Sachverhalt Rudolf Steiner aus.

Welche Idee steckt nun in den heutigen chaotischen Zeitereignissen und Gesellschaftsverhältnissen?

Das kranke Gesundheitswesen, die „wackelnden" Rentensysteme, die ökologischen Niedergänge, die immensen Staatsverschuldun-

gen, die Bedrohungen durch Flüchtlingsströme und Weltherr-
schafts-Phantasien mancher Staaten und Terrorverbände, die zu-
nehmende Kriminalität der mafiösen Vereinigungen und noch
vieles mehr, sie sind das Ausgangsmaterial, aber auch der gute
Wille vieler Menschen, die sich eigentlich nur ein friedliches
Leben in Gemeinschaft und Geborgenheit wünschen.

Dies alles müssen wir anschauen und so lange in uns bewegen, bis
wir bei jeder einzelnen Aufgabe herausfinden, wie daraus etwas
Schönes und Gesundes entstehen kann, also eine neue Form, die
den menschlichen Idealen und Werten der individuell-geistigen
Freiheit, der Gleichheit und der Brüderlichkeit gerecht werden
kann.

Joseph Beuys rief in den siebziger Jahren des letzten Jahrhunderts
in einer großen Zeitungs-Anzeige dazu auf, dass wir die Ideale aus
der französischen Revolution in unser politisches Leben einbringen sollten. Er forderte darin einen freiheitlich-demokra-
tischen Sozialismus. Freiheit im Geistesleben, Demokratie in der
Politik und Sozialismus im Wirtschaftsleben beziehungsweise
eine solidarische und nachhaltige Wirtschaftsweise, so würde man
dies heute eher benennen, da der Begriff Sozialismus einige negative Assoziationen hervorrufen kann.

Erst wenn wir die oben genannten schwierigen Aufgabenstellungen, wie zum Beispiel das Gesundheitswesen in diesem dreigliedrigen Sinne anschauen lernen, werden daraus praktikable
Lösungen hervorgehen.

Was ist die geistige Seite und damit die der Freiheit im Gesundheitswesen, was die rechtliche Seite und damit die der Gleichheit
und schließlich, was ist die wirtschaftliche Seite und damit die der
Brüderlichkeit, also eines Füreinanders?

Gehen wir mit diesem Ansatz in die Probleme hinein, begegnen
wir den Problemen in einem künstlerischen, spielerischen Sinne,
so können ganz neue Formen daraus entstehen. Beuys nannte dies
eine Soziale Plastik.

Eine bildhauerische Plastik ist irgendwann fertig und bleibt wie
sie ist. Eine soziale und lebendige Plastik wird jedoch niemals

fertig sein, sie wird sich immer wieder den entsprechenden Herausforderungen anpassen müssen. Somit gibt es auch kein starres Konzept und festes System für die Soziale Dreigliederung. Und deshalb brauchen sich die Dreigliederer auch gar nicht streiten, was nun Rudolf Steiner zu bestimmten Problemen und Bereichen gesagt oder wie er es wohl gemeint hat. Die Aussage, die Dreigliederung hat nur noch in unserer Zeit die Möglichkeit sich zu verwirklichen, meint dann eher die ursprüngliche Form, wie Steiner sie vor 100 Jahren konzipiert hat, aber nicht die Möglichkeit der Wandlung in einem künstlerischen Sinne, so wie ich dies hier versucht habe darzustellen.

Gewiss, viele Menschen wollen gerne fertige Konzepte, nach denen etwas funktionieren soll. Im Bereich des Technischen ist dies auch richtig, nicht aber im sozialen Leben, das eben noch ganz anderen Einflüssen unterliegt wie dem materiellen Sein.

Der Kosmos (Kosmos heißt Ordnung, Form) schenkt uns in den unterschiedlichen Zeiten immer wieder entsprechende Impulse, die die Menschheit als Ganzes weiterbringen wollen. Und so sind in der beginnenden Wassermannzeit eben ganz andere Aufgabenstellungen vorgegeben als noch im Mittelalter, im Römertum oder im antiken Griechenland. Und doch gab es auch da schon Impulse, die menschheitlich gesehen, das Allgemeine und das Humanistische gefördert haben. Diese menschheitlichen Impulse kamen und kommen immer wieder in der geschichtlichen Entwicklung zum Vorschein, vor allem auch in der Zeit des deutschen Idealismus durch Geistesgrößen wie ein Goethe, Schiller, Fichte, Hegel, Schelling oder Herder und noch viele mehr es waren.

Zudem kam durch die Anthroposophie, die Wandervogel-Bewegung, durch den Jugendstil und den vielfältigen Reformbewegungen zum Beginn des 20. Jahrhunderts ein mächtiger Geist-Impuls nach Mittel-Europa herein. Doch die Nazizeit und damit ein finsterer Gegen-Impuls, machte vieles zunichte.

Mit der Friedens-, Emanzipations- und Ökologie-Bewegung konnte sich nach dem zweiten Weltkrieg wiederum ein humanistischer Geist bemerkbar machen. Doch dann kam „Mammon", der Geist des Materialismus, dem wir bis heute ausgesetzt sind. Er versucht die Menschen an das nur Irdische, an Hab-, Macht- und Ehrsucht zu binden. Und er ist scheinbar übermächtig.

Liefern wir uns den Todeskräften aus oder stärken wir das Leben, dies betrifft jeden in seiner individuellen Entscheidung. Da geht es zum Beispiel um die chemische Landwirtschaft und Schulmedizin oder eben um eine biologischen Landwirtschaft und Medizin.

Die Menschheit muss sich dringend entscheiden. Wir stehen an einer Schwelle, entweder nehmen die Todeskräfte weiter zu, mit allen Folgen für Mensch und Erde daraus oder wir entscheiden uns für eine Umkehr, hin zu moralischen Werten eines humanistischen und lebendigen Seins.

Dabei dürfen wir aber nicht gegen die totbringenden Untergangskräfte ankämpfen, nur erkennen müssen wir sie und dann standhalten und aufklären. Denn auch der Materialismus ist nicht perse böse, er wird es erst, wenn er als das Alleinige angenommen wird, so wie sich als Beispiel heute die Schulmedizin über alle Naturheilkundeverfahren stellen will oder die gentechnisch erzeugten Impfungen über alle Maßnahmen einer natürlichen Immunstärkung erhaben sein wollen. Das ist dann extrem einseitig und damit böse. Das Gute klammert nichts aus, es nimmt alles an, auch das Böse und erkennt, dass es am richtigen Platz auch Gutes bewirken kann.

So muss in unseren Tagen die Herrschaft des praktizierenden Materialismus den Prinzipien einer geistgetragenen Moralität weichen. Das Tote darf nicht über das Lebendige herrschen wollen. Jeder Einzelne muss dabei den Mut aufbringen, sich zum Lebendigen und zum Menschlichen, zum Geist des Humanen zu bekennen, der erst wirklich werden kann, wenn jeder auch das Recht vom Ganzen, von der Menschheit erhält, sich so entwickeln zu können, wie er das in freier Selbstbestimmung verwirklichen will. Darin gründet unsere Humanität.

Dieser Geist will wieder auferstehen, gerade in unserer Zeit, die so stark von Todeskräften durchzogen ist. In den Prinzipien und Idealen der Sozialen Dreigliederung ist er verankert. Finden wir hin zu diesen Idealen, zu den geistigen Werten des Wahren, Schönen und Guten, so haben wir gute Grundlagen und Voraussetzungen zum Gestalten der Welt.

Man sollte hier aber nicht den Fehler machen, diese Dreigliederung nur auf das äußere Leben anwenden zu wollen, ohne den inneren Menschen damit zu verbinden. Vom inneren Menschen sollte alles ausgehen und von da in die Welt einfließen. Der innere Mensch ist ja auch dreigegliedert; im Denken, Fühlen und Wollen haben wir nämlich eine Möglichkeit, sich mit den geistigen Prinzipien der göttlichen Dreiheit, sich mit dieser universellen Signatur zu verbinden. Das Wahre im Denken, das Schöne im Fühlen und das Gute im Willen, darauf kommt es schließlich an. Ein individueller wie auch ein menschheitlicher Weg ist damit verbunden. Eignen wir uns diese Ideale zuerst in der eigenen Seele an, so wird die zwischenmenschliche und gesellschaftliche Arbeit auch authentischer und wahrhaftiger erscheinen können.

Darauf wollte ich hier zuvorderst hinweisen. Alles Weitere muss sich im praktischen Leben erproben und bewähren. Doch wer den Versuch nicht macht und im „Alten" stecken bleibt, der hat schon verloren, denn der „Weltgeist will nicht engen, er will weiten", hin zu neuen Ebenen und Möglichkeiten des Menschseins im Sinne einer allumfassenden Humanität, in der die Liebe als die Grundkraft des Lebens erkannt und erfahren wird. Denn die Liebe verbindet und ordnet alle Bereiche des sozialen Seins, das Geistesleben, das Rechtsleben und das Wirtschaftsleben. Und vor allem auch das Geldwesen kann durch eine liebevolle Handhabung und Gestaltung einer Gesundung zugeführt werden.

Die Liebe ist die Grundkraft, sie ist das Verbindende innerhalb eines sozialen Organismus, wie auch im Menschen selbst. Darauf können wir bauen, darauf können wir hoffen, denn die Liebe, sie ist immer da, wenn wir unsere Augen und Herzen für sie öffnen wollen.

Franz Weber, Freiburg im Sommer 2021

Literaturverzeichnis

Rudolf Steiner: Die Kernpunkte der sozialen Frage
- National-ökonomischer Kurs
- Über das Grundeinkommen (Ausgewählte Texte
von Sylvain Coplet)
- Was ist Geld? (Ausgewählte Texte von S. Coplet)
- Der Boden ist keine Ware (Ausgewählt von J. Mosmann)

Eckhardt Behrens: verschiedene Hefte der Reihe: Fragen der Freiheit, zum Beispiel: Bildungs-Gutschein – von der Idee zur Praxis, Ökologische Rohstoff-Wirtschaft, Wieviel Inflation?

Uwe Burka: Eine zukünftige Geld- und Wirtschaftsordnung für Mensch und Natur

H.G. Schweppenhäuser: Das kranke Geld

Karl Dieter Bodack: Es ist an der Zeit … für die Dreigliederung des sozialen Organismus

Helmut Gehrke / Günter Kohlfeldt: Der Traum vom ästhetischen Menschen (Schriften zur Verteidigung der Kunst)

Theophil Spoerri: Der Herr des Alltags

Heinz Grill: Der Hüter der Schwelle und der Lebensauftrag
- Verborgene Konstellationen der Seele

Johann Gottfried Herder: Briefe zur Förderung der Humanität

Franz Weber: Die soziale Dreigliederung
- Europa – wohin?
- Wege zum Heil – Aspekte zur Heilung, von Mensch, Erde und sozialer Welt
- Welten-Dramatik – Erkenntnishilfen in apokalyptischer Zeit
- und einige weitere Schriften zu den Themen: spiritueller Schulungsweg, Kunst und Religion, Partnerschaft und Gesundheit, Gesellschaft und soziale Frage

Näheres im Internet unter: www.perceval-institut.de oder www.steine-kunst.de

FSC
www.fsc.org

MIX

Papier aus ver-
antwortungsvollen
Quellen
Paper from
responsible sources

FSC® C105338